대
학

대학

심범섭 엮음

시간과공간

차례

제1부 | 수신修身이 기본이다

왜《대학》을 읽어야 하는가

필자가 유학의 고전을 처음 접한 것은《주역^{周易}》이었다. 학부 전공이 전자공학이어서 평소에 한문^{漢文}이나 고전^{古典}과 관련 있는 책을 접할 일이 없었기 때문에 호기심을 불러일으키는 책을 먼저 접한 것은 자연스러운 일이었다. 처음《주역》을 접했을 때는 어쩔 수 없이 자연과학적 관점에서 보게 되었고, 그렇기 때문에《주역》의 인문학적 논리는 그저 중·고등학교 시절 윤리나 도덕 교과서에 나온 가르침의 반복 정도로 흘려보냈다.

그다음으로 접한 고전이《논어^{論語}》였다.《논어》를 배울 때도 각 시점에 따른 좋은 말이 이어졌지만, 아직 공부가 모자란 상태의 필자에게는 그 주옥^{珠玉}과 같은 글들도 특별한 감흥을 주기에는 부족했다.

어느 정도 시간이 흐른 뒤《논어》다음으로 공부하게 된 서적이《대학^{大學}》과《중용^{中庸}》이었다. 처음《대학》을 접했을 때 필자는 약 2천 년 전의 지식인들이 저술한 이 책의 구성이 체계적이고 논리가 정연하다는 데 놀랐다. 우리가 흔히 인용하는 '수신제가치국평천하修身齊家治國平天下'라는 말이 여기서 비롯되었다는 것도 알게 되었고, 인간의 내면에 자리하고 있는 마음과 의지意志의 조절 관계에서부터 시작해 가정과 사회에서의 처신에 대한 내용이 의미 있게 다가오기 시작했다.

《대학》을 처음 읽었을 때 가장 먼저 가슴에 와 닿았던 것이 '혈구지도絜矩之道'였다. 이에 따라 《논어》에서 본 '충서忠恕'의 모습이 구체적으로 드러나기 시작했다. 또한 《대학》을 여러 번 숙독하면서 내용이 소실된 '격물치지格物致知'에 대한 궁금증이 커졌고, 이것을 해결해 나가면서 자연스럽게 《주역》과 연결이 되었다. 이 과정을 거쳐 《주역》을 재발견하게 되었고, 사람들에게 점술로 많이 알려진 《주역》이 사실은 자연과학과 인문·사회과학을 포괄하는 심오한 이치를 담고 있다는 데 감복했다.

또한 《중용》과의 표리表裏 관계에 따른 연관성을 공부하면서 《주역》의 일부분이 《중용》의 기반으로 작용하고 이것이 《대학》의 체계를 통해 구체화되는 그림이 그려졌다. 이로써 유가의 사서삼경四書三經의 유기적 관계를 실감할 수 있었다. 특히 유가의 원리는 《중용》에서 시작되었으며, 이것을 체계화해 실천 방법을 설명하고 있는 것이 《대학》이라는 사실을 깨닫고 《논어》와 《맹자》를 연결해 다시 읽어보니 처음 접했을 때와 느낌이 사뭇 달랐다. 처음 《논어》를 읽고 "코에 걸면 코걸이, 귀에 걸면 귀걸이"

식으로 이해했던 산만한 지식을 《대학》의 체계에 끼워 맞추자 공자의 가르침의 깊이와 논리에 새삼 감탄하게 되었다.

이와 같이 《논어》와 《맹자》 등의 글귀들을 《대학》의 '삼강령三綱領'과 '팔조목八條目'에 접목해보면 비로소 눈이 떠지는 것을 실감하게 될 것이다. 그런데 눈만 뜬다고 해서 공부가 되는 것은 결코 아니다. 《대학》에서 말하는 원만한 대인관계를 이루려면 부모님께 효도하고, 내 집 앞을 청소하고, 차례를 지켜 나가는 등 사소한 일부터 실천하는 자세가 중요하다. 이런 사소한 것들이 모여 만드는 바른 인성人性으로 말미암아 세상의 질서가 유지된다는 것을 설명하는 책이 바로 《대학》이다.

필자는 유가의 고전뿐만 아니라 동양철학과 관련된 서적을 접할 때 원리는 《주역》과 《중용》의 내용을 중심으로 파악하고, 구체적인 행동지침은 《대학》을 기준으로 이해하고 있다. 필자의 방식이 정답이 될 수는 없겠지만 독자들도 이런 방법을 통해 고전을 접하면 단편적으로 받아들였던 고전의 문장들을 한층 더 깊이 이해하게 될 것이다. 그렇기 때문에 《대학》은 유학을 공부할 때 가장 먼저 접해야 하는 필독서라고 생각한다.

《대학》에는 시대를 초월하는 가르침이 일목요연하게 전개돼 있다. 그리고 다른 고전과는 달리 짧은 내용으로 체계화돼 있어 관점을 약간만 현대적으로 돌리면 스스로 시민의식을 고취하고 이에 합당한 실천을 사회적으로 파급시키는 가르침이 될 수 있다. 그렇기 때문에 《대학》은 유가의 다른 고전보다 먼저 읽어야 하는 책이다.

유가의 고전, 특히 《대학》이 집필되던 시절이나 우리가 살고 있는 지금이나 기득계층의 자숙이 무엇보다 절실하다는 데 놀라지 않을 수 없다. 《대학》은 기득계층이 모든 것을 좌우했던 과거에는 기득계층의 통치를 위한 교본이었으나, 현대에는 기득계층을 감시하고 제어하는 일반시민의 시민의식 고취를 위한 교본이 되어야 한다.

이 책의 내용 가운데는 원래 《대학》의 내용보다 확대해석한 부분도 있는데, 그것은 《대학》의 원뜻을 왜곡하려는 의도가 아니라 시대의 변화를 고려해 현대적으로 접근할 필요성에 따른 것이다. 더불어 고전이 지닌 이상적 지향점을 설명하기보다는 현실에 적용하고 이룰 수 있는 유학의 현세철학적現世哲學的 관점으로 설명했다는 점을 참고하기 바란다.

2017년 5월
엮은이 심범섭

《대학》을 읽는 방법

　《대학》은 《예기禮記》 49편 가운데 42번째에 들어 있었다. 송나라 때 사마광이 《대학광의大學廣義》를 저술하고, 정명도程明道와 정이천程伊川 형제가 이것을 별도로 꾸며 책을 만들었다. 이로써 《대학》은 유가儒家의 정통 고전으로 자리 잡게 되었다. 그런데 유가에서 《대학》이 지니는 의미는 다른 고전과 달리 독특하다. 《대학》은 그 체계가 중요한데, 본문의 내용과 설명을 읽어 나가다 보면 전체 윤곽을 잊고 산만해질 수 있다. 그렇기 때문에 먼저 체계와 원리를 이해하고 숙지한 다음 본문을 읽으면 전반적인 줄거리와 그에 따른 상세한 내용에 좀 더 쉽게 접근할 수 있을 것이다.

　주자朱子는 '대학장구서大學章句序'에 《대학》의 원리와 역사적 배경을 기술했고, '독대학법讀大學法'에서는 《대학》을 읽는 방법에 대해 설명해놓았다. 따라서 《대학》을 읽기 전 이 두 편의 글을 읽어두면 도움이 된다. 《대학》을 읽을 때 필요한 부분만 발췌해 다음에 소개해본다.

독대학법讀大學法 1

주자가 (다음과 같이) 말씀하였다.

《논어》와 《맹자》는 (어떠한) 일에 따라서 문답한 것으로 요령을 보기가 어렵지만, 오직 《대학》은 공자께서 옛 사람들이 학문을 하던 큰 방법을 말씀하신 것을 증자가 기술하였고, 문인들이 또 전술하여 그 요지를 밝힌 것이다. 앞뒤가 서로 인과관계가 있고 체통이 모두 갖추어져 있어서 이 책을 완미하여 옛 사람들의 학문을 향하는 바를 알고 《논어》와 《맹자》를 읽으면 곧 들어가기가 쉬우니 후면에 공부해야 할 것이 비록 많으나 대체는 이미 서게 될 것이다.

이 책을 보는 것이 또 《논어》와 《맹자》를 보는 것과 같지 않으니, 《논어》와 《맹자》 중에 단지 하나의 일에 한 가지 도리일 뿐이다. 예를 들어 맹자께서 인의를 설명한 부분에는 단지 인의상仁義上에 나아가 도리를 설명할 뿐이고, 공자께서 안연에게 극기복례를 답한 부분에는 단지 극기복례상克己復禮上에 나아가 도리를 설명할 뿐이다. 《대학》과 같은 경우에는 단지 통합하여 설명하였으니, 그 공용의 지극함을 논하면 평천하에 이른다.

그러나 천하를 평안하게 하려면 먼저 모름지기 나라를 잘 다스려야 하고, 나라를 잘 다스리려면 먼저 모름지기 가정을 가지런히 해야 하며, 가정을 가지런하게 하려면 먼저 모름지기 몸을 닦아야 하고, 몸을 닦으려면 먼저 모름지기 마음을 바르게 하고, 마음을 바르게 하려면 먼저 모름지기 뜻을 성실하게 하여야 하고, 뜻을 성실하게 하려면 먼저 모름지기 지식이 지극하게 되어야 하고, 지식을 지극하게 하려면 먼저 모름지기 사물에 나아가 접하여야 한다.

《대학》은 학문을 할 때 '강목綱目', 즉 '전제적인 줄거리와 세부적인 내용'이 되는 것으로 먼저 《대학》을 읽고 '강령綱領', 즉 '근본이 되는 큰 줄거리'를 세워서 정하면 다른 책은 모두 이것저것 섞인 말로서 그 (강령) 속에 들어 있다. 《대학》을 통달하고 다른 경서를 보아야 비로소 이것은 격물치지의 일이며, 이것은 성의정심의 일이며, 이것은 수신의 일이며, 이것은 제가치국평천하의 일이라는 것을 보게 될 것이다. 이제 장차 《대학》을 숙독하여 공간을 만들고 다른 책으로 메워 보충하여 가라.

朱子曰 語孟 隨事問答 難見要領 惟大學 是曾子述孔子說古人爲
주자왈 어맹 수사문답 난견요령 유대학 시증자술공자설고인위

學之大方 而門人 又傳述以明其旨 前後相因 體統都具 翫(玩)味此
학지대방 이문인 우전술이명기지 전후상인 체통도구 완 완 미차

書 知得古人爲學所向 却讀語孟 便易入 後面工夫雖多 而大體已
서 지득고인위학소향 각독어맹 변이입 후면공부수다 이대체이

立矣
립 의

看這一書 又自與看語孟不同 語孟中 只一項事 是一箇道理 如孟
간 저 일 서 우 자 여 간 어 맹 부 동 어 맹 중 지 일 항 사 시 일 개 도 리 여 맹

子說仁義處 只就仁義上說道理 孔子答顏淵以克己復禮 只就克己
자 설 인 의 처 지 취 인 의 상 설 도 리 공 자 답 안 연 이 극 기 복 례 지 취 극 기

復禮上說道理 若大學 却只統說 論其功用之極 至於平天下
복 례 상 설 도 리 약 대 학 각 지 통 설 논 기 공 용 지 극 지 어 평 천 하

然 天下所以平 却先須治國 國之所以治 却先須齊家 家之所以齊
연 천 하 소 이 평 각 선 수 치 국 국 지 소 이 치 각 선 수 제 가 가 지 소 이 제

却先須修身 身之所以修 却先須正心 心之所以正 却先須誠意 意
각 선 수 수 신 신 지 소 이 수 각 선 수 정 심 심 지 소 이 정 각 선 수 성 의 의

之所以誠 却先須致知 知之所以至 却先須格物
지 소 이 성 각 선 수 치 지 지 지 소 이 지 각 선 수 격 물

大學 是爲學綱目 先讀大學 立定綱領 他書 皆雜說在裏許 通得大
대 학 시 위 학 강 목 선 독 대 학 입 정 강 령 타 서 개 잡 설 재 리 허 통 득 대

學了 去看他經 方見得此是格物致知事 此是誠意正心事 此是修身
학 료 거 간 타 경 방 견 득 차 시 격 물 치 지 사 차 시 성 의 정 심 사 차 시 수 신

事 此是齊家治國平天下事 今且熟讀大學 作間架 却以他書塡補去
사 차 시 제 가 치 국 평 천 하 사 금 차 숙 독 대 학 작 간 가 각 이 타 서 전 보 거

《논어》와 《맹자》는 어떠한 사건이나 사실에 대해 문답식으로
구성되어 있다. 그렇기 때문에 유가의 일목요연한 이치를 이해
하기가 어렵다. 그러나 《대학》은 유가의 원리와 지식인으로서의
마음가짐과 실천에 대한 전반적 사항을 체계적으로 설명하고
있다.

《맹자》에서 '인의仁義'에 대한 문장은 오로지 인의에 대해 설명
하고 있다. 대략 내용을 보면 다음과 같다.

양혜왕이 맹자에게 "장차 나의 나라에 어떤 '이로움'을 주시려
하십니까?" 하고 묻자, 맹자는 이렇게 답한다.

"왕은 어찌 이로움을 말씀하십니까? 인仁과 의義만 있을 뿐입

니다. 위와 아래가 서로 이로움만을 취하면 나라가 위태로워집니다. 인하면서 그 양친을 버리는 자가 있지 않으며, 의로우면서 그 임금을 뒤로하는 사람이 있지 않습니다. 왕은 또한 인의仁義만을 말씀하셔야지 어찌 이로움만을 말씀하십니까?"

이 내용을 보면 이익보다 인의를 중요하게 생각해야만 나라가 잘 다스려진다는 것을 말하고 있을 뿐 그 원리나 체계는 설명하고 있지 않다.

《논어》에서 극기복례克己復禮의 예도 마찬가지이다. 안연이 공자에게 인仁에 대하여 물어보자 공자가 말하기를 "자신을 이기고 예禮로 돌아가는 것이 인仁을 행하는 것이다. 하루에 자신을 이기고 예로 돌아가면 천하가 인으로 돌아온다. 인을 행하는 것이 자신에게 달려 있으니 어찌 남에게 달려 있겠는가?"라 하였다. 그리고 "예가 아니면 듣지 말고 말하지 말고 행동하지 말라."고 실천방법을 알려주었다. 역시 왜 그러한지 결과만 말해줄 뿐 전체적 체계는 설명하고 있지 않다.

《대학》은 인의仁義가 이익보다 우선되어야 하는 것을 격물치지를 통해 알고 혈구지도를 통해 실천하는 방법을 체계적으로 설명하고 있다. 또한 극기복례를 명명덕明明德과 친민親民의 체계로 크게 잡고, 세부적인 사항은 수신제가치국평천하修身齊家治國平天下로 설명하고 있다.

이러한 《대학》의 체계를 이해하면 《논어》와 《맹자》를 읽을 때 어느 한 문장이 말하는 요점이 《대학》의 체계에서 전체 줄거리에 해당하는 내용인지, 아니면 한 부분에 속하는 내용인지 알게 됨으로써 이해가 쉬워진다. 그 세부적 내용을 팔조목이라 하며, 격물格物 · 치지致知 · 성의誠意 · 정심正心 · 수신修身 · 제가齊家 · 치국治國 · 평천하平天下의 순서로 되어 있다.

그러한 체계 속에서 앞과 뒤의 내용이 서로 인과관계因果關係를 이루며 설명하고 있기 때문에 전체 줄거리가 물이 흐르듯 부드럽게 전개되고 있다. 예를 들어 수신을 중심으로 인과관계를 설명하자면, 수신을 하고자 한다면 마음을 먼저 바르게 하는 것이 이루어져야 하며, 수신을 이루고 나면 가정을 가지런하게 할 수 있는 여건이 된다는 것이다. 따라서 수신은 정심 · 제가와 인과관계를 이루고, 제가는 수신 · 치국과 인과관계를 이루고 있다.

위에서 설명한 인과관계 속에서 유가의 가장 이상적인 세계인 평천하平天下를 이루기 위해 선행돼야 할 것을 한 단계씩 좁혀 가다보면 가정을 가지런하게 하는 대인관계에 이르게 되고, 그것은 결국 수신으로 가능하게 된다. 그러한 수신은 마음을 바로잡아야 하고, 마음을 바로잡으려면 뜻을 성실하게 해야 하고, 뜻을 성실하게 하려면 지식이 수준에 이르러야 하는데, 그 지식이 수준에 이르려면 사물을 접할 때마다 이치를 살펴야 한다는 것이다.

이러한 체계와 방법이 유가 공부의 전체 줄거리와 세부 내용이 된다. 따라서 《대학》을 공부해 스스로 큰 줄거리의 그림을 그린 뒤 《논어》와 《맹자》를 비롯해 다양한 유가의 경전을 그 그림 속에 맞춰보면 어떠한 상황에서 어떠한 말이 오가며, 그것은 무엇을 가르치기 위한 글인지 명쾌하게 이해할 수 있다.

즉,《논어》의 극기복례를 설명하는 문장은 수신과 관련된 내용으로 결국 평천하를 이루기 위한 일이라는 것을 알게 되며,《맹자》의 영과이후진盈科而後進[1]을 설명하는 글은 격물치지와 관련된 내용이라는 것을 알게 된다.

독대학법讀大學法 2

> 《대학》은 학문의 처음과 끝을 통틀어 말하고 있고,《중용》은 본원의 지극한 곳을 가리키고 있다.

> 大學 是通言學之初終 中庸 是指本原極致處
> 대 학 시 통 언 학 지 초 종 중 용 시 지 본 원 극 치 처

《대학》은 유학의 처음과 끝을 일목요연하게 설명하고 있다. 그런데《중용》은《대학》에서 격물치지부터 시작해 평천하까지 이룩되는 체계의 본원을 설명하고 있다. 그러한《중용》에서 말하는 원리가 '대학장구서大學章句序'에 설명되고 있다.

1 물의 흐름은 조금이라도 낮은 곳이 있으면 먼저 거기를 가득 채운 뒤 다시 앞으로 나아간다. 학문도 이 물의 움직임을 본받아 모자란 부분을 채우고 공부해 나가야 한다는 것을 알게 해준다. 뒤에 격물치지 부분에서 상세하게 다룰 예정이다.

대학장구서大學章句序 1

《대학》의 책은 옛날 태학太學에서 사람들을 가르치던 법이다. 대개 하늘이 생민을 내려주는 것으로부터 이미 인의예지의 성性을 부여하지 않음이 없었다. 그러나 그 기질을 받은 것이 언제나 가지런할 수 없기 때문에 모두 그 성性이 있음을 알지 못하고 그것을 보전할 수 없게 되었다. 한 사람이라도 총명예지하여 그 본성을 다할 수 있는 사람이 그 사이에 나오면 하늘이 반드시 명을 내려 억조億兆 백성의 군주와 스승으로 삼아 그로 하여금 통치하고 가르치게 함으로써 그 성性을 회복하게 하시니, 이는 복희伏羲·신농神農·황제黃帝·요堯·순舜 등의 임금이 하늘을 계승하여 극極을 세우고 사도司徒의 직책과 전락典樂의 벼슬을 설치한 이유이다.

大學之書 古之大(太)學 所以教人之法也 蓋自天降生民 則旣莫不
대 학 지 서 고 지 대 태 학 소 이 교 인 지 법 야 개 자 천 강 생 민 즉 기 막 불

與之以仁義禮智之性矣 然 其氣質之稟 或不能齊 是以 不能皆有
여 지 이 인 의 예 지 지 성 의 연 기 기 질 지 품 혹 불 능 제 시 이 불 능 개 유

以知其性之所有而全之也 一有聰明睿智能盡其性者 出於其間 則
이 지 기 성 지 소 유 이 전 지 야 일 유 총 명 예 지 능 진 기 성 자 출 어 기 간 즉

天必命之 以爲億兆之君師 使之治而教之 以復其性 此 伏羲神農
천 필 명 지 이 위 억 조 지 군 사 사 지 치 이 교 지 이 복 기 성 차 복 희 신 농

黃帝堯舜所以繼天立極 而司徒之職 典樂之官 所由設也
황 제 요 순 소 이 계 천 입 극 이 사 도 지 직 전 락 지 관 소 유 설 야

이 설명이 《중용》과 《대학》의 관련성을 나타낸다. 하늘에서 사람에게 생명과 성품을 내려주었는데, 그 성^性이 인의예지^{仁義禮知(智)}이다. 그런데 기질이라는 것도 함께 받아 희로애락^{喜怒哀樂}이라는 감정이 사람마다 다르고, 그것이 인의예지를 커튼으로 가리듯 가려서 자신이 본래 지니고 있는 성품인 인의예지를 알지도 못하고, 알지 못하니 그것을 보전할 수도 없다. 그런데 사람들 가운데 천성이 맑고 총명한 사람이 이러한 인의예지를 깨우쳐 사람들을 교육시키고 나라를 다스리는 군주가 되기도 했으니, 유가의 도통^{道統}을 잇는 선왕^{先王}들이었다.

이러한 선왕들이 다스린 시대는 평화와 질서가 자리 잡혀 행복을 누릴 수 있었다. 이 제왕들은 자신이 먼저 수신을 한 뒤 사람들을 다스렸다. 그 방법이 격물·치지·성의·정심·수신·제가·치국·평천하라는 대학의 팔조목이었다. 팔조목은 간단히 삼강령이라고도 하는데, 그것은 자신이 먼저 수신한 뒤 타인에게 가르침을 주어 평화로운 세상을 이루어 나간다는 의미의 명명덕^{明明德}·친민^{親民}·지어지선^{止於至善}이다.

명명덕은 자신이 수신하는 방법이고, 친민은 다른 사람들을 교화시켜 나가는 것이며, 지어지선은 궁극적으로 평화로운 세상을 이루는 것을 말한다. 이것을 이루어 나가는 중심에 명덕^{明德}이 있다. 명덕은 하늘이 인간에게 생명과 함께 부여한 인의예지에 의해 형성되는 가장 인간다운 인격인데, 이것이 앞에서 말한 희로애락이라는 감정에 가려져 밖으로 표출되지 못하고 잠재해 있는 것이다. 이것을 밖으로 밝게 끌어내는 것이 명명덕이며, 친민(또는 신민新民)은 백성들에게 명덕을 보여줌으로써 그들을 교화시켜 그들도 자신 안에 있는 명덕을 밝혀 나가게 해주는 것이다. 결국 그렇게 된다면 명덕을 가장 많이 밝힌 사람이 다스리는 나라에 백성들이 몰려와 이상적인 사회를 구축하게 되는 것이 지어지선이다.

이러한 체계를 먼저 익힌 뒤 본문의 상세한 내용을 살펴보아야 《대학》의 진정한 묘미를 알 수 있다. 그것이 앞에서 말한 '강목綱目', 즉 큰 줄거리와 세부적인 내용을 공부하는 방법이다. 그러므로 본문에 들어가기에 앞서 이 부분에서 전체 체계를 이해하고 숙지한 뒤 본 내용을 보아야 효율적으로 《대학》을 공부할 수 있다.

독대학법讀大學法 3

(어떤 사람이) 묻기를 "오로지 한 권의 책을 보고자 하는데 무엇을 먼저 해야 합니까?" 하자, 말하기를 "먼저 《대학》을 읽으면 옛사람들이 학문을 하는 시작과 끝을 볼 수 있으니 다른 책에 비할 바가 아니다. 다른 책은 한때에 말한 바가 아니고 한 사람이 기록한 것이 아니다."라 하였다. 또 말하기를 "《대학》을 볼 때 진실로 글귀마다 따라가면서 보아야 하나, 모름지기 먼저 전문傳文을

통독하여 익숙해져야 비로소 처음부터 자세히 보는 것이 좋으니, 만일 전문의 대의를 모른다면 앞부분을 보는 것도 역시 어려울 것이다."라 하였다.

또 말하기를 "일찍이 한마디 말을 지어 사람들로 하여금 단지《대학》을 가지고 하루에 한 번씩 읽어 나가서 저 어떤 것이 대인의 학문이며, 어떤 것이 소학이며, 어떤 것이 명명덕이며, 어떤 것이 신민이며, 어떤 것이 지어지선인가를 본다. 날마다 이와 같이 읽어 달이 오고 날이 가게 되면, 스스로 이른바 '온고이지신溫故而知新'이라는 것을 보게 될 것이다. 모름지기 새로운 것을 알아서 날마다 새롭게 되는 것을 보게 될 것이니, 바야흐로 이러한 얻음이 있게 되는 것은 도리의 해석이 새로워지는 것이 아니라 단지 자신의 의사意思가 자라나서 새롭게 되는 것이다."라 하였다.

問欲專看一書 以何爲先 曰 先讀大學 可見古人爲學首末次第 不
문 욕 전 간 일 서 이 하 위 선 왈 선 독 대 학 가 견 고 인 위 학 수 말 차 제 불
比他書 他書 非一時所言 非一人所記 又曰 看大學 固是著逐句看
비 타 서 타 서 비 일 시 소 언 비 일 인 소 기 우 왈 간 대 학 고 시 착 축 구 간
去 也須先統讀傳文敎熟 方好從頭仔細看 若專不識傳文大意 便看
거 야 수 선 통 독 전 문 교 숙 방 호 종 두 자 세 간 약 전 불 식 전 문 대 의 변 간
前頭亦難
전 두 역 난
又曰 嘗欲作一說 敎人只將大學 一日去讀一遍 看他如何是大人之
우 왈 상 욕 작 일 설 교 인 지 장 대 학 일 일 거 독 일 편 간 타 여 하 시 대 인 지
學 如何是小學 如何是明明德 如何是新民 如何是止於至善 日日
학 여 하 시 소 학 여 하 시 명 명 덕 여 하 시 신 민 여 하 시 지 어 지 선 일 일
如是讀 月來日去 自見所謂溫故而知新 須是知新 日日看得新 方
여 시 독 월 래 일 거 자 견 소 위 온 고 이 지 신 수 시 지 신 일 일 간 득 신 방

得 却不是道理解新 但自家這箇意思 長長地新
득 각 불 시 도 리 해 신　단 자 가 저 개 의 사　장 장 지 신

《대학》의 체계를 알면 학문의 본질과 외면을 모두 알 수 있게
된다. 앞에서 말한 《대학》의 체계를 먼저 숙지하고 팔조목의 상
호연관성을 생각하면서 앞부분을 수시로 반복하여 습득해야 그
참다운 의미를 알 수 있다. 이를테면 팔조목의 제가(齊家)를 공부하
면서 그 이전에 공부한 격물·치지·성의·정심·수신을 다시 검
토하며 공부를 해나가야 한다는 뜻이다.

　이러한 공부로 명명덕·친민(또는 신민)·지어지선의 진정한 의
미를 스스로 깨닫게 될 것이다. 필자가 아무리 상세하게, 이해하
기 쉽게 설명하더라도 결국 스스로 느껴야 진정한 공부가 될 수
있다. 이러한 느낌에 이르는 과정에서 새롭게 느껴지는 것이 있
다. 즉, 어떠한 문장을 이해할 때 이전에 공부가 모자랐을 때 느
꼈던 것과는 다르게 이해될 수 있다는 점이다. 이는 공부의 깊이
차이일 뿐 이전에 이해한 것이 틀린 것은 절대 아니다.

　정리해보면, 유가의 서적을 읽기 전 《대학》을 먼저 익혀야 그
서적들의 진의를 알 수 있다. 대학의 원리를 알고자 한다면 《중
용》을 함께 읽는 것이 도움이 된다. 이 책에서 《중용》의 주요 내
용을 함께 설명하고 있지만, 책을 다 읽고 난 뒤 《중용》을 반드
시 읽어볼 것을 권한다. 그리고 이 책의 본문에 들어가기에 앞서

여기에 나와 있는 대학의 체계를 이해하고 숙지하는 것이 바람직하다. 또한 《대학》은 수신修身을 기본으로 말하고 있는데, 수신은 자신의 마음가짐이며 실천의 바탕이다. 독자들이 수신을 통하여 《대학》을 머리로 이해하는 지식의 차원에서 벗어나 자신이 아는 지식을 실천하는 계기를 마련할 수 있기를 바란다.

제1부

수신修身이 기본이다

《중용》을 통해
알아본《대학》

　대학^{大學}은 대인^{大人}이 닦아 나가야 할 학문을 말한다. 대인이란 성인^{成人}을 말하기도 하지만 지도자들을 높여 부르는 말이기도 하다. 유학의 고전에서 대^大는 만물의 주재자인 천^天이 할 수 있는 영역을 말한다. 따라서 대인은 천명^{天命}을 알고 천명대로 움직여서 일반 대중을 교화시킬 수 있는 도덕적 인격자를 뜻하기도 한다.

　전통적으로 유학은 통치^{統治}에 기반을 두고 발전해왔으므로 이러한 도덕적 인격자가 국가와 사회의 지도층이 되어 백성을 이끄는 주도적 위치에 올라야 한다고 생각했다. 따라서《대학》은 지도자 계층의 자제^{子弟}가 자라서 성인이 되어 학문을 닦고 실천에 옮김으로써 도덕적 인격자가 되기 위해 공부해야 했던 고전^{古典}이다. 이러한 대인의 역할이 '자기 스스로 수양하여 남을 다스린다'는 '수기치인^{修己治人}'이다.

현대사회에서 일반 대중이 제왕학^{帝王學}으로 알려진 유가의 경전^{經傳}을 공부하는 이유는 남을 통치하는 입장에서가 아니라 가정과 사회조직의 일원으로서 다른 사람들과 소통하고 공존하기 위해 자신의 태도와 행동에 책임질 수 있는 사람이 되어야 하기 때문이다.

이러한 자발적·적극적 실천은 사회조직의 중심에 설 수 있는 사람으로 성장하는 원동력이 될 것이다. 조직의 중심에 있는 사람이 지녀야 하는 도덕실천은 '소통과 공존을 위한 태도와 행동'이다. 따라서 《대학》의 현대적 접근은 남을 지배하고 군림하는 수기치인의 위치에서가 아니라 《논어^{論語}》에서 말하는 '내 몸을 닦아 남을 편안하게 해준다'는 '수기안인^{修己安人}'의 자세에서 이루어져야 한다.

《대학》은 《논어》, 《맹자》, 《중용》과 함께 유학의 기본서인 사서^{四書} 가운데 하나이다. 《논어》와 《맹자》는 일정한 체계가 없이 하나의 사안에 대한 질문과 대답으로 그 사안에 대한 도덕적 해답을 알려주는 문답식으로 구성돼 있다. 또한 《중용》은 인간의 성^性이 천명^{天命}으로부터 부여받았다는 것을 전제로 해서 천도^{天道}와 인도^{人道}를 기준으로 중화^{中和}에 대한 전반적 논리를 다루고 있다. 이와는 달리 《대학》은 일상생활에서 행동해야 하는 유가 도덕철학의 실천방법을 체계적으로 제시하고 있다.

특히 《대학》과 《중용》은 동전의 양면같이 서로 겉과 속이 되는 표리관계^{表裏關係}에 있다. 《중용》이 내면적인 유가의 철학원리의 근본을 설명하고 있다면,《대학》은《중용》의 원리에 따른 수신과 실천의 전반적 방안을 설명하고 있다. 아울러《대학》은 유학에 입문하기 위해 배우는 초기 입문서로서의 역할도 한다. 따라서《대학》을 공부하면 유학이 제시하는 도덕철학을 전반적으로 이해할 수 있을 것이다.

《대학》은 경經과 전傳으로 구성되며, 삼강령三綱領과 팔조목八條目을 단계적으로 설명하고 있다. 경經은 1장으로 구성되며, 수기치인의 근본원리인 명명덕·친민·지어지선의 삼강령을 소개하고, 이에 따른 수신제가치국평천하의 이유를 설명하고 있다. 또한 전傳은 수기치인의 실천항목으로서 격물·치지·성의·정심·수신·제가·치국·평천하라는 체계적 팔조목을 총10장으로 구성해 설명하고 있다.

 대학 경문 1

대학大學의 도道는 명덕明德을 밝히는 것에 있으며, 백성과 친한(또는 백성을 새롭게 하는) 것에 있으며, 지선至善에 그치는 것에 있다.

大學之道 在明明德 在親(新)民 在止於至善
대 학 지 도 재 명 명 덕 재 친 신 민 재 지 어 지 선

"대학의 도는 명덕을 밝히는 것에 있으며, 백성과 친한(또는 백성을 새롭게 하는) 것에 있으며, 지선에 그치는 것에 있다."는 것의 의미는 다음과 같다.

《대학》의 전반적 내용을 잘 이해하려면 '명덕明德'을 잘 이해해야 한다. 간단히 설명하자면 명덕은 사람이 하늘로부터 부여받은 성품으로서 태어날 때부터 마음에 내재돼 있는 완전한 인간다운 면모를 말한다. '명덕을 밝힌다'는 뜻의 '명명덕'은 내 안에 있는 명덕을 개인적 수양을 통해 밖으로 이끌어내기 위해서 수양과 실천을 해나가는 과정을 말한다.

개인적으로 인간다운 면모를 이끌어낸 뒤 이것을 사회적으로 실현시킴으로써 대인관계를 인간다운 관계로 만들어 나가는 것이 친민親民 또는 신민新民이다. 성리학자들은 신민으로 해석해야 한다고 주장하는 반면 양명학자 또는 실학자들은 친민으로 그대로 해석해도 무방하다고 주장한다. 이 두 가지를 모두 살펴본다면 어떠한 의미로 해석해도 무방하다고 본다. 그 이유는 다음과 같다.

본래 자신의 성품 안에 숨겨져 있는 명덕을 스스로 밝혀 밖으로 이끌어낸 선구자가 자신의 경험을 토대로 아직 자신의 본래 명덕을 밝히지 못한 타인을 새롭게 교화한다는 것이 신민이다. 한편, 친親이란 '친하다, 사랑하다, 가까이 지내다, 화목하다'는 의미로, 선구자가 천지만물을 사랑하는 인仁의 마음으로 백성들을 가까이해 백성들을 교화함으로써 화목한 사회를 이룩해 나간다는 관점이다. 이처럼 신민과 친민은 가장 인간다운 관계를 형성해 나가는 과정이기 때문에 모두 맞는 주장이라고 할 수 있다.

지선^{至善}은 개인에게 본래 내재돼 있는 명덕이 완전히 밝아지게 됨으로써 행동과 마음이 조금도 욕심에 따라 움직이지 않는 상태이다. 그러므로 지어지선^{止於至善}은 명명덕과 친민으로 세상 사람들이 모두 개인적으로 인간다운 면모를 이룩하고 사회적으로 인간다운 관계가 형성돼 가장 인간적인 사회를 이룩한 유가의 이상향이라 할 수 있다.

우선 《중용》 제1장과 《대학》 삼강령 중에서 재명명덕^{在明明德}과의 관계를 통해 성^性, 도^道, 교^敎 개념과 덕^德, 명덕^{明德}, 선^善 개념의 연관성을 보면 다음과 같다.

天命之謂性 率性之謂道 修道之謂敎
천 명 지 위 성   솔 성 지 위 도   수 도 지 위 교

천명을 성^性이라 이르고, 성을 따르는 것을 도^道라 이르고, 도를 닦는 것을 교^敎라 이른다.

在明明德
재 명 명 덕

명덕^{明德}을 밝히는 것에 있다.

첫째, '천명지위성', 즉 "천명을 성이라 이른다."는 내용을 살펴보면 다음과 같다.

천天은 인간을 비롯한 모든 사물을 창조한 주재자이며, 명命은 목숨이나 운명, 명령과 같은 의미로서 천의 명령에 따라 사람의 본질적 성품이 이루어지고, 생명이 탄생되며, 일정한 주기와 순환을 이루고 살아가는 운명까지 정해진다는 것이다.

따라서 천이 인간에게 내린 명을 이해하고 깨달아야 하는데, 천이 인간에게 내린 명이 바로 성性이다. 천은 변하지 않는 원리에 따라 생명을 탄생시키고, 그 생명은 특성까지 천을 닮는다. 이런 원리가 그대로 인간에게 전달된 것이 바로 성이다. 따라서 성은 천이 물려준 본질적이고 가장 순수한 성품이 된다.

둘째, '솔성지위도', 즉 "성을 따르는 것을 도라 이른다."는 것은 다음과 같다.

천에 의하여 인간에게 주어진 성은 구체적으로 인의예지仁義禮智이며, 그렇기 때문에 사람들은 반드시 인의예지에 따라 만들어진 길로 가야 하는데, 그 길이 도道이다. 이러한 도를 따라 옆길로 새지 않는 것을 또한 선善이라 한다. 간혹 욕심에 사로잡혀 중간에 옆길로 새는 것을 불선不善이라 하고, 도에 역행하고 인의예지를 무시해 잔혹한 행동을 하는 것을 악惡이라 한다.

인간은 천에 의하여 성이 주어졌기 때문에 가장 인간다운 사람은 도를 따라 옆길로 새지 않고 바르게 가는 사람으로 선한 사람이다. 덕德이란 선한 행동으로 인간다움을 이루게 된 상태를 말한다. 따라서 인의예지를 표준으로 인간의 감정을 자제해 다른 사람들과의 관계에서 선하게 행동함으로써 보여주는 인간 됨됨이가 덕이다. 그런데 명덕^{明德}은 덕과 약간 차이가 있다. 덕이 후천적으로 만들어진 것이라면 명덕은 인간에게 선천적으로 내재돼 있는 인격의 모습으로서 빛나는 보석과 같은 것이다.

셋째, '수도지위교', 즉 "도를 닦는 것을 교라 이른다."는 내용을 살펴보면 다음과 같다.

수^修는 '닦다, 익히다, 연구하다, 고치다, 손질하다, (도덕, 품행을) 기르다' 등의 표현이고, 교는 '가르치다, 본받다, 가르침' 등의 표현이다. 따라서 수도^{修道}는 '도를 익히고 실천하는 것'의 두 가지 의미가 있다.

먼저, 천이 인간에게 부여한 성을 기준으로 도에 따라 품성을 닦아 나가는 것을 말한다. 따라서 천이 부여해서 사람 안에 존재하는 인간다운 인격체를 외면으로 드러냄으로써 명덕을 밝히는 것이다. 이것이 대학의 주석^{註釋}에서 말하는 본뜻이다. 다음으로, 그 가르침을 현재의 타인과 후세의 자손들에게 교육시키는 것이라는 의미이다. 교육을 하는 방법에는 직접 강의하고 책을 편찬하는 것도 있겠지만, 무엇보다 중요한 것은 원리를 알려주고 스스로 행동해서 본받게 하는 것이다. 이것은 《중용》의 주석에 나와 있지는 않으나 필자 개인의 생각이 첨가된 내용이다.

이와 같은 《중용》의 의미에서 《대학》 삼강령의 '재명명덕'을 바라보면 다음과 같다.

'명명덕'이란 천명에 의하여 부여받은 성에 의하여 사람의 마음속에 본래부터 잠재해 있던 가장 인간다운 인격인 '명덕'을 밝혀내는 것인데, 그것은 인의예지라는 성에 의하여 닦여진 길인 '도'를 따라 개인적인 '선'을 이루는 것이다. 개인적인 선을 이루는 구체적인 방법은 대인관계를 이루지 않고 홀로 있을 때는 스스로 마음을 다잡아 수신을 해나가며, 사람들과 접하여 대인관계를 형성할 때는 수신에 의한 실천을 하는 것이다.

이상과 같은 원리는 가장 근본적인 자연현상인 천문天文과 지리地理를 격물格物하여 인간의 본성을 치지致知하게 됨으로써 깨닫게 되는 내용이다. 상세한 설명은 제2부 격물치지格物致知와 관련된 내용에서 다루기로 한다.

다음으로 《중용》 제1장과 《대학》 삼강령 가운데 재친민在親民의 관계를 통해 중화中和와 친민親民 개념의 연관성을 살펴보면 다음과 같다.

喜怒哀樂之未發 謂之中 發而皆中節 謂之和 中也者 天下之大本也
희 노 애 락 지 미 발 위 지 중 발 이 개 중 절 위 지 화 중 야 자 천 하 지 대 본 야

희로애락 등의 감정이 일어나지 않은 것을 중中이라 이르고, 그러한 감정이 일어나더라도 중절中節하는 것을 화和라 이른다. 중中이라는 것은 천하天下의 대본大本이고,

在親(新)民
재 친 신 민

백성과 친한(또는 백성을 새롭게 하는) 것에 있다.

'희로애락지미발위지중', 즉 "희로애락 등의 감정이 일어나지 않은 것을 중中이라 이른다."는 내용을 살펴보면 다음과 같다.

인간이 어떠한 사람이나 사물과 접촉하지 않거나 관계가 만들어지지 않은 상태일 때는 기쁘고, 화나고, 슬프고, 즐거운 감정이 생기지 않는다. 그런 상태는 천명에 의하여 만들어진 성性의 상태를 유지하는 중中이다. 그 중을 '천하의 대본大本'이라고 하여 인간이 사는 세상에서 천이 내려준 근본이 된다는 것이다.

'발이개중절위지화', 즉 "희로애락과 같은 감정이 일어나더라도 중절中節하는 것을 화和라 이른다."는 내용을 살펴보면 다음과 같다.

인간은 상대가 생기면 그 상대에 대해 어떠한 감정이 발생하기 때문에 천명으로부터 부여받은 중中을 유지할 수 없다. 이러한 감정은 사람을 편협하게 만들기 때문이다. 따라서 인의예지仁義禮知라는 성性에 맞추어 편협함을 줄임으로써 상황과 여건에 따라 최대한 중中에 가까이 접근하려는 것을 중절中節이라고 한다. 그리하여 희로애락이라는 인간의 감정이 인의예지에 가장 근접하게 된 상태를 화和라 한다. 우리가 자주 쓰는 조화調和, 화합和合, 화목和睦 등이 화의 지엽적인 종류들이다. 다시 말해 희로애락 등의 감정을 상황에 따라 인의예지에 맞추어 상대방과 화목하게 조화를 이루는 것을 중화^{中和}라고 한다.

이와 같은《중용》의 의미에서《대학》의 '재친민^{在親民}'을 바라보면 다음과 같다.

친민이란 대인관계에서 사람을 접촉할 때 일어나는 감정을 인의예지로 이루어진 성^性에 맞추어 중화^{中和}를 이루어 나가는 것을 말한다. 즉, 인의예지에 의하여 닦인 길을 이탈하지 않고 인관관계를 유지함으로써 선^善을 이루는 것으로, 스스로 밝힌 명덕^{明德}을 타인에게 베풀어 중화를 이룸으로써 타인도 이를 본받아 명덕을 밝히게 하는 것이다.

마지막으로《중용》제1장과《대학》삼강령의 재지어지선^{在止於至善}의 관계를 통해서 치중화^{致中和} 개념과 지어지선^{止於至善} 개념의 연관성을 살펴보면 다음과 같다.

和也者 天下之達道也
화 야 자 천 하 지 달 도 야
致中和 天地位焉 萬物育焉
치 중 화 천 지 위 언 만 물 육 언

화^和라는 것은 천하의 달도^{達道}이다.

치중화^{致中和}가 된다면 천지^{天地}가 자리를 잡고 만물이 생육된다.

在止於至善
재 지 어 지 선

지선至善에 그치는 것에 있다.

　'치중화', 즉 "중화를 끝까지 다했다."는 것은 화和가 궁극적으로 중中에 거의 근접했다는 것이다. '천지위언만물육언', 즉 "천지가 자리를 잡고 만물이 생육된다."는 것의 의미를 살펴보면 다음과 같다.

　사람은 천天에 의하여 생명과 성품을 부여받았기 때문에 소우주가 된다. 따라서 천지의 주체로 작용하여 나 자신의 자리가 바로잡히면 바로 천지가 바로잡히게 되는 것을 뜻한다. 그러한 움직임은 나와 함께 존재하는 타인뿐만 아니라 사람 이외의 모든 사물까지도 나와 일체가 되는 물아일체物我一體의 상태를 말한다.

　"화和라는 것은 천하의 달도達道이다."라 하였는데, 달도는 인간이 사는 온 세상에 끝까지 이루어져야 하는 보편적이고 공통적인 도를 말한다. 가족부터 시작된 인간관계가 사회로 확장하고, 그것이 전 인류까지 중화를 이루었다는 의미이다.

　이와 같은 《중용》의 의미에서 《대학》의 '재지어지선在止於至善'을 바라보면 다음과 같다.

　지선至善이란 도에서 조금도 이탈하지 않는 것으로 나 자신의 감정을 성에 맞추어 희로애락이 인의예지에 완벽하게 맞게 되어 세상에 존재하는 사물과 물아일체가 된 치중화의 상태를 말한다.

　'지어지선'은 인간이 실천해야만 하는 지극한 선善이 세상 끝까지 도달하는 것이다. 지극한 선이란 자신이 먼저 명덕을 밝히는 과정을 통하여 선을 이루고, 타인의 본보기가 되어 다른 사람을 편안하게 해줌으로써 조금도 선에서 이탈하지 않는 상태이다. 이러한 경지에 오른 인물이 통치하는 곳은 백성마저 선한 행동을 하는 이상적인 곳으로서 다른 데 사는 사람들이 백성이 되려고 찾아와 그곳에서 살게 된다. 이후 새로운 백성까지 감화되어 명덕을 밝혀 선에 이르도록 하며, 그러한 소문이 세상에 퍼져 나가 세상 끝까지 이르게 되는 달도達道가 되는 것이다. 이러한 달도가 온 세상에 확장된 상태가 모든 사람이 명덕을 밝힘으로써 인간 세상에 선을 이루어 나가는 세상이다. 즉, 천도가 인간 세상에 자리를 잡게 됨에 따라 이상적 사회가 이룩되고, 결국 모든 사물까지 인간에게 이롭게 작용하게 되는 것을 말한다.

위의 내용을 정리해보면 다음과 같다. 사람에게서 희로애락이라는 감정은 사람과 어떤 일을 접할 때 발생한다. 예를 들어 배가 고프면 음식에 대한 마음이 생기고, 추우면 따뜻한 것을 찾게 되며, 사랑하는 사람을 보면 같이 있고 싶어지고, 싫어하는 사람을 만나면 미워하거나 회피하는 마음이 생긴다. 그러한 감정이 인의예지보다 앞서는 것이 본능이며, 이러한 본능을 본성으로 다듬는 행위가 바로 명덕을 밝히는 것이다.

자신의 명덕을 밝히고 난 뒤에는 타인에게 본보기가 되어 그들을 교화시켜 나감으로써 그들도 자신과 마찬가지로 명덕을 밝히게 하는 것이 친민이다. 지식이나 말로 가르치는 것이 아니라 실천으로 본보기를 보이는 것이 참다운 교화인 것이다. 자신이 밝힌 명덕을 타인에게도 밝히는 친민으로 사람들 사이에 선한 질서가 유지되고 명덕을 밝히는 것이 번져 나간다. 이러한 확산이 궁극적으로 이루어지면 한 개인에게서 시작된 인간다운 면모가 사회로 파급되고, 이에 따라 모든 사람의 명덕이 밝아짐으로써 세상에 선한 질서가 유지되는 이상적 세계가 이루어지는데, 이것이 지어지선止於至善이다.

　사람이 접하는 모든 일에서 중화를 계속 이루어 그 상태가 지극하게 된다면 인간사회는 혼란 없는 상태를 유지하여 평화로운 세상이 될 것이다. 자연이 항상 질서를 유지하고 그러한 질서 속에서 생명이 유지되듯이 이러한 세상이 오면 항상 질서가 유지되고 사람들 사이에 상생하려는 생각이 앞서기 때문에 행복한 삶을 영위할 수 있게 된다. 이것을 더 확장해 나가면 인간사회뿐만 아니라 지구의 환경과 생태계까지도 안정되게 살 수 있게 된다. 지구의 환경과 생태계도 인간이 살아가는 데 필요한 것이므로 이것이 안정되지 못하면 인간세계의 질서 또한 유지되지 못하는 것이다.

　명덕을 밝히는 것이 개인에게서 시작하여 친민으로 이어지고, 친민에 의하여 주변 사람들에게 전파되며 최종적으로 모든 사람에게 확산된다면 지어지선이 된다. 이것이 유가의 최종목표인 것이다.

　이러한 삼강령을 세부적으로 이루는 방법에는 그 나름의 순서가 있다. 그 순서에 따라 체계적으로 수신부터 해나갈 때 개인적으로 지선에 이를 수 있고, 사회적으로 지어지선에 이를 수 있다.

차례는 뒤바뀔 수
없는 것이다

삼강령의 체계에서 지어지선止於至善은 질서 있는 사회가 이룩되고 행복을 누릴 수 있는 세상이다. 이러한 세상을 위하여 특권 계층뿐만 아니라 그들을 포함한 모든 민중이 알아야 하는 것이 지선이다. 이는 과거 왕권통치 시절에도 그러했지만 현대에는 더욱 그러하다. 진정으로 지어지선에 이르는 세상을 바라는 사람이 지선에 대해 알게 되면 그에게서는 자발적인 마음의 변화가 일어나게 되는데, 그 변화는 다음과 같다.

 대학 경문 2

그칠 곳을 알게 된 이후에 정함이 있고, 정함이 있은 뒤에 고요할 수 있고, 고요함이 있은 이후에 편안할 수 있고, 편안함이 있

은 이후에 생각할 수 있고, 생각함이 있은 이후에 얻을 수 있는
것이다.

知止而后 有定 定而后 能靜 靜而后 能安 安而后 能慮 慮而后
지 지 이 후 유 정 정 이 후 능 정 정 이 후 능 안 안 이 후 능 려 려 이 후
能得
능 득

"그칠 곳을 알게 된 이후에 정함이 있고, 정함이 있은 뒤에 고
요할 수 있고, 고요함이 있은 이후에 편안할 수 있고, 편안함이
있은 이후에 생각할 수 있고, 생각함이 있은 이후에 얻을 수 있
는 것이다." 하는 의미는 다음과 같다.

'그칠 곳'이란 사사로운 욕심이 조금도 발생하지 않는 지선을
말한다. 이는 지선을 알게 되는 것일 뿐 본격적으로 행동하는 것
은 아니다. 인간은 생각하는 존재이므로 인간다움을 유지하기
위하여 선에 근접해야만 질서 있는 사회를 만들 수 있다는 것을
알게 되었다.

이러한 지선을 알게 되면 자신의 뜻을 어디에 둘지 방향이 정
해진다. 머리로 이해한다고 해서 모든 것이 이루어지는 것은 아
니다. 자신이 아는 지식을 생활에 이용할 때만 살아 있는 지식
이 되는 것이지 생활에 유용할 수 없는 지식은 생명력을 잃은 지
식이다. 살아 있는 지식을 만들기 위해 무엇을 해야 할지 방향이
정해지게 되고, 그 방향은 지선이라는 목적을 향하여 도달하기

위해 가장 합리적인 방법을 생각하게 된다.

   지선을 향한 방향이 정해지면 마음은 흔들림 없이 고요한 상태를 유지하게 된다. 지선에 가장 빠르고 정확히 도달하기 위하여 사사로운 욕심을 내려놓고 나보다 모두를 생각하는 마음을 가지게 된다.

   이러한 마음이 자기 안에 가득 차게 되면 자신이 뜻한 바에 따른 방향에 편안함을 느끼게 되며, 이렇게 되면 생각을 꼼꼼하게 하게 된다. 홀로 있을 때 스스로 수양할 수 있는 행동양식을 알게 되고, 타인과 접할 때 행동해야 하는 옳은 일을 생각하게 된다. 이처럼 정밀한 생각에 의하여 적극적으로 행동하게 되니 결국 지선을 얻게 되는 것이다.

   이상과 같은 마음의 변화에 의하여 명덕과 같이 눈에 보이지 않는 근본^{根本}과 그 근본에 의하여 이루어지는 대인관계로 현실인 말단^{末端}을 알게 되며, 이것을 본말^{本末}이라 한다.

 대학 경문 3

만물에는 본^本과 말^末이 있고 일에는 마침과 시작이 있으니,
먼저 할 것과 뒤에 할 것을 알면 도^道에 가까울 것이다.

物有本末 事有終始 知所先後 則近道矣
물 유 본 말 사 유 종 시 지 소 선 후 즉 근 도 의

"만물에는 본本과 말末이 있고 일에는 마침과 시작이 있으니, 먼저 할 것과 뒤에 할 것을 알면 도에 가까울 것이다." 하는 의미는 다음과 같다.

'본本'이란 '명덕明德'이고 '말末'이란 '친민親民'이다. 또한 '마침'은 '능득能得', 즉 '지선至善을 얻게 됨'을 말하고, 시작은 '지지知止', 즉 '지선에 도달해야 함을 아는 것'을 말한다.

나무를 예로 들면, 본은 땅속에 있기 때문에 우리 눈에는 보이지 않지만 반드시 존재하고 존재해야만 하는 나무뿌리와 같은 것이다. 그리고 말은 우리 눈으로 볼 수 있는 나무줄기, 나뭇잎, 꽃, 열매와 같은 것으로서 세상에 드러나 다양하게 이룩되어야만 하는 것과 같다.

따라서 뿌리는 명덕이 되고 줄기, 잎, 꽃, 열매는 친민이 된다. 뿌리가 튼튼해야 나무줄기와 잎이 싱싱하고, 꽃이 아름다우며, 열매가 탐스럽게 열리는 것과 마찬가지로 자신의 명덕을 밝히는 것을 먼저 이루어야 친민을 올바르게 할 수 있다. 이러한 본말을 제대로 이해하고 뜻을 이루기 위해서는 먼저 지선에 이르러야만 한다는 것을 알고 난 뒤, 지선에 이르는 방향으로 자신을 닦고 타인을 편안하게 함으로써 궁극적으로 지선을 이룩하게 되는 것이다.

정리해보면 지선은 선한 행동을 통하여 명덕을 조금씩 밝혀 나가 최종적으로 명덕이 완전히 밝혀지는 상태를 말한다. 이것은 수양과 실천을 통하여 인의仁義가 세상에 펼쳐지는 하학상달下

學上達 과정으로 이룩될 수 있다. 이를 위한 체계적 방법은 다음에
설명되어 있다.

대학 경문 4

옛날 천하에 명덕을 밝히고자 하는 사람은 먼저 자신의 나라를
다스리고, 자신의 나라를 다스리고자 하는 사람은 먼저 자신의
가정을 가지런히 하고, 자신의 가정을 가지런히 하고자 하는 사
람은 먼저 자신의 몸을 닦고, 자신의 몸을 닦고자 하는 사람은
먼저 자신의 마음을 바르게 하고, 자신의 마음을 바르게 하고자
하는 사람은 먼저 자신의 뜻을 성실하게 하고, 자신의 뜻을 성실
하게 하고자 하는 사람은 먼저 자신의 지知를 (경지에) 도달하게
하였으니, (지가 경지에 도달하게 되는) 치지致知는 격물格物에 있다.

古之欲明明德於天下者 先治其國 欲治其國者 先齊其家 欲齊其家
고 지 욕 명 명 덕 어 천 하 자 선 치 기 국 욕 치 기 국 자 선 제 기 가 욕 제 기 가
者 先修其身 欲修其身者 先正其心 欲正其心者 先誠其意 欲誠其
자 선 수 기 신 욕 수 기 신 자 선 정 기 심 욕 정 기 심 자 선 성 기 의 욕 성 기
意者 先致其知 致知 在格物
의 자 선 치 기 지 치 지 재 격 물

"천하에 명덕을 밝힌다."는 것의 의미는 다음과 같다.
천하는 인간을 주재하는 천의 아래로서 인간이 사는 세상을

의미한다. 따라서 세상 사람들이 모두 명덕을 밝히게 한다는 것으로서 지어지선止於至善의 의미이다.

"천하에 명덕을 밝히고자 하는 사람은 먼저 자신의 나라를 다스린다."는 것은 다음과 같은 뜻이다.

공자가 살았던 때는 천자天子라는 왕이 다스리던 주周나라와 그 주나라에 속한 제후국으로 이루어진 봉건제도封建制度의 시기였다. 따라서 천하는 주나라 지배권에 있던 모든 나라를 의미하고 국가는 제후가 다스리는 제후국을 말하는 것이다. 또한 그 당시 인간 세상은 주나라 관할권에 있던 지역을 의미한다. 따라서 주나라라는 천하에 명덕을 밝히고자 한다면 천하의 지배계층은 먼저 자신이 속한 국가에 사는 사람들의 명덕이 드러나도록 잘 다스려야 가능하게 되는 것이다.

"자신의 나라를 다스리고자 하는 사람은 먼저 자신의 가정을 가지런히 하라."는 것은 다음과 같은 의미이다.

지배계층이 자신의 나라를 잘 다스리려면 백성들의 명덕을 밝혀야 하는데, 이를 위해서는 먼저 자신이 속한 가정을 가지런하게 만들어야 한다. 봉건제도 아래서 가정이란 현재와 같은 한 가정도 의미하지만 씨족으로 이루어진 혈족이 모여 일가를 이루는 것도 가家라 하였다. 따라서 한 가정 구성원들의 명덕이 밝아지고, 더 나아가 그 가정들로 이루어진 일가 구성원들의 명덕도 밝아짐에 따라 일가가 가지런해지는 것이 먼저 이루어져야만 한 국가 구성원들의 명덕을 밝히고 잘 다스리게 되는 것이다.

"자신의 가정을 가지런히 하고자 하는 사람은 먼저 자신의 몸을 닦는다."는 것은 다음과 같은 의미이다.

각 가정을 구성하는 가족 모두의 명덕이 밝혀짐으로써 그 가정이 가지런해진다. 이것은 가장이 먼저 명덕을 밝혀 몸소 실천하고 식구들이 본받게 해야만 하는 것이며, 명덕을 밝히기 위해서는 본격적인 수신修身이 이루어져야 한다.

"자신의 몸을 닦고자 하는 사람은 먼저 자신의 마음을 바르게 하고, 자신의 마음을 바르게 하고자 하는 사람은 먼저 자신의 뜻을 성실하게 하고, 자신의 뜻을 성실하게 하고자 하는 사람은 먼저 자신의 지知를 (경지에) 도달하게 하였으니, (지가 경지에 도달하게 되는) 치지致知는 격물格物에 있다."는 다음과 같은 의미이다.

수신의 방법은 다음과 같다. 사람의 모습은 그 사람의 육체적 행동에 의해서 볼 수 있다. 마음은 겉으로 드러나지 않는 무형의 존재이기 때문에 육체의 움직임에 의하여 사람의 마음 됨됨이가 드러난다. 마음이 육체를 움직이는 주재자이기 때문이다. 따라서 수신을 하려면 먼저 마음을 바로 세워야만 하는데, 마음을 바로 세운다는 것은 감정이 편향되게 흐르지 않도록 하는 것이다.

마음을 바로 세우기 위해서는 뜻이 성실해야만 한다. 성실하다는 것은 스스로 속이지 않고 만족해하는 것이며, 만족해한다는 것은 스스로 속이지 않고 목표가 뚜렷하며 가치관이 있다는 의미이다. 그 목표는 바로 우주가 존재하는 진리이며, 이 진리를 통하여 인간이 세상을 살아가는 이치가 지선至善이다. 그렇기 때문에 뜻이 성실하려면 이러한 진리와 이치를 알고 이를 응용하는 지혜가 있어야만 한다.

세상의 이치를 아는 것은 자신이 접하는 모든 일과 대상을 통하여 가능하다. 왜냐하면 세상의 모든 만물은 우주의 진리와 이치에 따라 존재하기 때문이다. 따라서 수기안인^{修己安人}은 가장 먼저 세상의 모든 사물을 접하며 이치를 깨닫는 격물^{格物}로부터 시작되어야만 한다.

대학 경문 5

(사물에 나아가는) 물격^{物格} 이후에 지^知가 (경지에) 이르게 되고, 지가 (경지에) 이르게 된 이후에 뜻이 성실해지고, 뜻이 성실해진 이후에 마음이 바르게 되고, 마음이 바르게 된 이후에 몸이 닦여지고, 몸이 닦여진 이후에 가정이 가지런해지고, 가정이 가지런해진 이후에 나라가 다스려지고, 나라가 다스려진 이후에 천하가 평안해진다.

物格而后 知至 知至而后 意誠 意誠而后 心正 心正而后 身修
물 격 이 후 지 지 지 지 이 후 의 성 의 성 이 후 심 정 심 정 이 후 신 수
身修而后 家齊 家齊而后 國治 國治而后 天下平
신 수 이 후 가 제 가 제 이 후 국 치 국 치 이 후 천 하 평

"(사물에 나아가는) 물격 이후에 지가 (경지에) 이르게 되고, 지가 (경지에) 이르게 된 이후에 뜻이 성실해지고, 뜻이 성실해진 이후에 마음이 바르게 되고, 마음이 바르게 된 이후에 몸이 닦여지고, 몸이 닦여진 이후에 가정이 가지런해지고, 가정이 가지런해진 이후에 나라가 다스려지고, 나라가 다스려진 이후에 천하가 평안해진다."는 다음과 같은 의미이다.

'물격物格'이란 세상의 모든 일과 대상을 접하는 것을 말한다. 대상을 접하는 방법은 다양하다. 먼저 직접경험으로 자연을 접하는 것이다. 근본적인 격물로 사계절이 있고, 동서남북이 존재하는 자연현상을 보고 이치를 깨닫는 것이다. 이것이 바로 지지知至이다. 세상에는 동식물이 존재하고, 그러한 생물이 삶을 이루어 나가는 것을 보고 사람이 어떻게 살아가야 하는지를 아는 것도 같은 방법이다. 간접경험으로는 과거 선현들이 남긴 고전을 보거나 역사를 보고 불변하는 세상의 이치를 알게 되는 것이다(상세한 예는 뒤에 팔조목의 세부 내용을 설명하며 다루기로 한다).

이러한 물격으로 지식과 지혜가 풍부해지면서 올바른 가치관이 형성되고, 이러한 가치관에 따라 뜻을 성실하게 할 수 있다. 이것이 의성意誠으로서 마음에 의심을 품지 않고 자신의 뜻이 향하는 길을 따라갈 때 이탈하지 않는 것을 의미한다.

뜻이 성실해지면 마음의 방향이 바르게 자리를 잡는 심정心正의 상태가 된다. 뜻은 의지意志이며 자신을 조절할 수 있는 것이다. 사람의 마음은 인의예지라는 성性과 희로애락애오욕喜怒哀樂愛

惡惡이라는 정情으로 이루어져 있다. 뜻이 성실해지면 성이 정을 조절함으로써 마음이 바르게 되는 것이다.

마음이 바르게 자리를 잡으면 생각과 행동으로 어떠한 일에 대하여 적절히 대처하게 되고, 적절하지 못한 행동을 하게 되면 스스로 반성하면서 몸과 마음을 수양하게 되는 것이다. 매사에 자신의 몸을 움직일 때나 마음이 흔들릴 때마다 의성意誠과 심정心正에 의하여 뜻이 바로 세워지고 마음이 바르게 됨으로써 몸이 닦여지는 신수身修가 이루어진다.

신수를 이룬 뒤에는 최초의 사회조직인 가정에서 대인관계를 몸소 실천해 나가야 한다. 본인 스스로 몸과 마음을 가지런히 하고 가족 구성원을 이끌어 나가며, 윗사람을 공경하고 자식과 아랫사람에게 선을 베푸는 것과 같은 도덕적 실천으로 본보기가 된다. 이렇게 되면 그 가족 구성원들 또한 이러한 자세가 생활화 되어 단란한 가정을 만들게 되는데, 이것이 가정이 가지런해지는 가제家齊이다.

이러한 움직임은 단지 가정뿐만 아니라 자신이 속해 있는 사회조직에서도 이룩되어야만 한다. 가정은 사람이 태어나서 처음 접하게 되는 가장 기본적인 사회조직이다. 그렇기 때문에 가정에서의 인간관계가 사회에서의 대인관계로 파급된다. 가정과 사회조직에서 구성원들이 각자 화목한 관계를 유지하게 되면 그 사회에는 질서가 이루어지고 양보와 공경의 마음이 싹트게 된다. 학생들은 학교에서, 성인들은 자신이 속한 직장이나 모임에서, 동호인들은 동호회에서 자발적 질서를 만들게 되며, 더 나아가 자신이 속한 조직을 떠나서 만나는 사람과도 이러한 질서를 유지해 나가게 된다.

가장 기본적인 공중도덕을 지키고 경쟁사회에서도 선의의 경쟁을 펼치는 인간다운 사회를 이루게 되면, 이것은 한 국가의 시민정신으로 발전하게 됨으로써 한 국가의 윤리·도덕 정신이 견고해지는 것이다. 이러한 국가에서는 부정부패가 용납될 수 없고 국가는 항상 국민을 위하여 존재하게 된다. 그렇게 되면 국민은 나라를 위하여 의무와 책임을 다하게 됨으로써 나라가 잘 다스려지는 국치國治를 이루게 된다.

이러한 국가가 늘어나면 국가 간에 분쟁과 전쟁이 없어지고 평화로운 이상 세계가 구축된다. 국가 간에 침략과 전쟁이 없고 어려운 나라를 부유한 나라가 도와주는 가장 인간다운 세계가 이루어지는 것이 천하평天下平이다.

이렇게 자연스러운 일련의 과정을 삼강령에 의해서 의도적 노력으로 수행해 나가는 것이 바로 격물·치지·성의·정심·수신·제가·치국·평천하라는 체계의 팔조목이다. 앞에서 삼강령에 의한 본本이 명덕明德이고 말末이 친민親民이라 하였다. 팔조목에서의 본은 바로 격물치지格物致知·성의정심誠意正心에 의하여 수신修身이 되고, 말은 제가齊家·치국治國·평천하平天下가 되는 것이다. 따라서 수신을 가장 중요하게 생각해야 하며, 수신은 가장 먼저 이루어야 할 목표이다.

목욕하듯
마음을 씻어라

《대학》의 내용을 보면 군주나 지배계층만 수신하여 자신의 가정을 가지런하게 하고 나라와 천하를 잘 다스려야 하는 것처럼 보인다. 그러나 다음의 내용을 보면 실상은 그렇지 않다는 것을 알 수 있다.

 대학 경문 6

천자天子로부터 서인庶人에 이르기까지 일체 모두 수신으로써 근본을 삼는다.

自天子 以至於庶人 壹是皆以修身爲本
자 천 자 이 지 어 서 인 일 시 개 이 수 신 위 본

"천자로부터 서인에 이르기까지 일체 모두 수신으로써 근본을 삼는다."는 다음과 같은 의미이다.

천자는 과거 왕권시대에 절대권력을 가진 사람이고, 서인은 특별히 벼슬을 하거나 특권을 가지지 않은 평범한 일반 백성을 말한다. 즉, 지위고하를 막론하고 격물·치지·성의·정심·수신으로 이루어진 일련의 수행 과정이 필요하다는 것이며, 이것이 바로 수기修己이다.

모든 사람이 이러한 수신의 과정을 거쳐 수기가 이루어지게 되면 제가·치국·평천하라는 안인安人의 사회가 저절로 이루어진다. 모든 것은 개개인의 수신修身으로부터 시작되는 것이다.

절대왕권 시대에도 사회의 질서는 지도자 개인의 능력으로 이루어지는 것이 아니라 앞에 나서지 않는 대다수의 의견에 의하여 유지되는 것이다. 그렇기 때문에 성선설性善說을 주장한 맹자孟子나 성악설性惡說을 주장한 순자荀子 모두 백성의 마음이 움직이는 것을 중요하게 생각했다.

백성이 음탕해지면 그 나라가 음란해지고, 백성이 학문과 예술을 좋아하면 그 나라의 문화가 꽃피게 된다. 또한 백성의 종교관이 편향적 원리주의에 빠지면 다른 나라를 상대로 테러를 일으키게 되고, 백성이 재물에 욕심을 부리면 다른 나라를 침략해 식민지로 만들어버린다. 그러나 백성이 평화롭고 인성이 바른 나라는 가난한 나라의 어려움을 인식하고 구휼활동에 적극적으로 나서게 된다.

그렇기 때문에 분쟁을 최소화하는 사회, 부정부패가 없고 노력한 만큼의 정당한 대가를 얻을 수 있는 사회가 형성되려면 무엇보다 그 사회를 이루고 있는 개인의 시민의식이 중요하다. 따라서 각 개인이 수신을 기본으로 하여 스스로 참다운 인격체를 만들어가야 하는 것이다.

 대학 경문 7

그 본^{本}이 어지러우면서 말^{末}이 다스려지는 사람은 없으며, 후^{厚}하게 할 것에 박^{薄}하게 하면서 박하게 할 것에 후하게 하는 사람은 있지 않다.

其本 亂而末治者 否矣 其所厚者 薄 而其所薄者 厚 未之有也
기 본 난 이 말 치 자 부 의 기 소 후 자 박 이 기 소 박 자 후 미 지 유 야

"그 본이 어지러우면서 말이 다스려지는 사람은 없으며, 후하게 할 것에 박하게 하면서 박하게 할 것에 후하게 하는 사람은 있지 않다."는 다음과 같은 의미이다.

먼저 "그 본이 어지러우면서 말이 다스려지는 사람은 없다."는 것은 스스로 자신을 수신하지 못하고 다른 사람에게 선을 베풀 수는 없다는 것이다. 즉, 어떤 사람이 속한 가정과 사회의 질서

가 이룩되려면 그 사람이 먼저 수신하여 선한 행동을 해야만 한다는 뜻이다.

"후하게 할 것에 박하게 하면서 박하게 할 것에 후하게 하는 사람은 있지 않다."는 것은 자신의 가정에 선을 베풀지 못하면서 사회나 국가에 선을 베풀 수는 없다는 것이다. 만일 자신의 가정에 박하게 하면서 사회나 국가에 후하게 하는 사람이 있다면, 그 것은 부정한 이득을 취하거나 자신의 능력에 걸맞지 않은 지위에 오르려는 목적으로 남들에게 잘 보이려는 교언영색^{巧言令色2)}과 같은 행동이 된다. 이러한 행동에 의하여 달성된 이익과 지위는 부정부패의 결과물이며, 또 다른 부정부패의 온상이 된다.

국가에 위급상황이나 재난이 발생하면 그 원인과 뒤처리에 대해 분석, 규명을 하게 된다. 대중들은 정치가와 관료들의 부정한 거래와 무사안일주의를 비판하고 성토한다. 또한 갑을관계에서 약자들이 당하는 일을 알게 될 때 사람들은 정당하지 못한 사회에 분노한다.

그러나 우리 대중도 스스로를 돌아볼 필요가 있다. 자신이 공적인 일에 종사하는 사람이 아니더라도 사사로운 이득을 취하기 위하여 부정한 행동을 해서는 안 된다. 또한 안전을 위한 기본 행동요령에 융통성이란 있을 수 없다. 꺼진 불도 다시 보는 행동은 집착이 아니라 나와 가족, 그리고 주변 사람들의 안전을 위해 반드시 필요한 실천이다. 한편, 관료들이 갑^甲이 되고

2 남에게 잘 보이려고 그럴듯하게 꾸며 대는 말과 행동.

자신이 을乙이 되었을 때 분노하는 감정을 느끼게 된다면 자신이 상대적으로 규모가 큰 기업에 근무할 때 납품업체 등 상대적으로 작은 기업의 사람들에게 어떻게 권력을 행사했는지 스스로 돌아볼 수 있어야 한다.

자기 위주로 행동하게 되면 본능적 감정이 명덕이 드러나지 못하게 방해한다. 그렇기 때문에 수신을 통하여 어둠속에 가려진 명덕을 밝히는 것이 근본적인 일이 되는 것이다.

 대학 전문 1

〈강고康誥〉3)에 이르기를 "능히 덕德을 밝힌다."고 하였으며, 〈태갑太甲〉4)에 이르기를 "이 천天의 밝은 명命을 돌아본다."고 하였으며, 〈제전帝典〉5)에 이르기를 "능히 높은 덕을 밝힌다."고 하였으니, 모두 스스로 밝히는 것이다.

康誥曰 克明德
강 고 왈 극 명 덕
太甲曰 顧諟天之明命
태 갑 왈 고 시 천 지 명 명
帝典曰 克明峻德
제 전 왈 극 명 준 덕
皆自明也
개 자 명 야

3 《서경(書經)》 주서(周書)이다.
4 《서경(書經)》 상서(商書)이다.
5 〈요전(堯典)〉으로 《서경(書經)》 우서(虞書)이다.

"능히 덕을 밝힌다."는 것은 앞에서 말한 대로 명덕을 밝힌다는 것이다. "이 천의 밝은 명을 돌아본다."는 것은 《중용》 1장의 천명에 의하여 인간에게 부여된 성^{性}에 의하여 이루어진 가장 인간다운 명덕을 깨닫는 것이다. "능히 높은 덕을 밝힌다."는 것은 높은 덕이 천으로부터 부여받은 밝은 덕으로서 이것을 밝히는 것이다.

"모두 스스로 밝히는 것이다."는 다음과 같은 의미이다.

타인이 자신의 명덕을 밝혀줄 수는 없으며, 스스로 이러한 덕을 깨닫고 인간답게 행동해야만 한다. 그것을 위하여 수신^{修身}하는 것이다. 물론 성인^{聖人}의 지극히 선^{善}한 모습을 보고 그 명덕을 본받을 수는 있을 것이다. 그러나 본받는 주체는 자기 자신이며, 자기 자신에 내재한 밝은 덕을 외부로 드러내는 것도 자기 자신이기 때문에 남이 밝혀줄 수는 없다.

자기 자신이 밝힌 명덕은 실천에 의하여 친민으로 이루어져야 한다. 자신이 성인의 모습을 본받아 명덕을 밝혔듯이 자신이 밝힌 명덕을 성실히 실천함으로써 타인에게 모범을 보여야 한다. 이러한 자신의 모범적 행동이 타인의 마음을 바르게 일깨우게 된다면 타인들도 천^{天}으로부터 부여받았지만 사사로운 감정에 의하여 어둠속에 가려져 있던 명덕을 스스로 밝히게 될 것이다.

따라서 윗글의 내용은 본인의 수신이고, 아랫글은 수신으로 타인의 본보기가 되어 타인을 새롭게 교화시키는 친민에 대한 내용이다.

대학 전문 2

탕왕湯王의 반명盤銘에 이르기를 "진실로 날로 새로워졌으면, 나
날이 새롭게 하고 또 날로 새롭게 하라."고 하였으며, 〈강고〉에
이르기를 "백성을 새롭게 진작振作시켜라."라고 하였으며, 《시경》
에 이르기를 "주周나라가 비록 옛 나라이지만 그 명命이 오직 새
롭다."고 하였으니, 이 때문에 군자는 그 극極을 쓰지 않는 바가
없는 것이다.

湯之盤銘曰 苟日新 日日新 又日新
탕 지 반 명 왈 구 일 신 일 일 신 우 일 신

康誥曰 作新民
강 고 왈 작 신 민

詩曰 周雖舊邦 其命維新
시 왈 주 수 구 방 기 명 유 신

是故 君子 無所不用其極
시 고 군 자 무 소 불 용 기 극

"탕왕의 반명에 이르기를 '진실로 날로 새로워졌으면, 나날이
새롭게 하고, 또 날로 새롭게 하라.'고 하였다."는 다음과 같은 의
미이다.

사람과 접하는 어느 순간 발생한 마음의 편협한 감정을 없앰
으로써 새로워지거든 이것을 바탕으로 또 다른 마음의 나쁜 움
직임을 매일 없애 또 다른 새로운 깨달음을 얻는다. 이렇게 새로
워지는 것을 거듭해 나가면 자신의 명덕이 점점 더 밝아지게 되

고 다른 사람들에게 모범이 될 것이다. 즉, 수신은 친민의 근본이고, 친민하는 과정에서도 부단히 수신해야 한다는 것이다.

'반盤'은 목욕하는 그릇이고, '명銘'은 글씨를 새겨 넣은 것이다. 몸에 더러운 것이 묻으면 바로 닦아내듯 마음의 때를 수시로 닦아내는 것을 생활화했던 탕왕의 친민을 위한 모습이다.

자신의 인생 방향에 가장 도움이 될 만한 글을 좌우명座右銘이라고 한다. 좌우명의 사전적 의미를 보면 늘 옆자리에 적어놓고 자기가 다른 길로 가는 것을 경계하기 위한 글을 가리킨다. 자리 좌座, 오른쪽 우右, 새길 명銘으로 이루어진 단어인 좌우명의 유래는 다음과 같다.

중국 춘추시대의 강한 제후였던 제齊나라 환공桓公에게 술독이 하나 있었다. 그 술독은 비어 있을 때는 기울어져 있고, 술을 반 정도 채우면 똑바로 서고, 술이 가득 차면 뒤집히게 되어 있었다. 환공은 이 술독을 항상 오른쪽에 두고 교만을 경계함으로써 춘추시대의 강자가 되었던 것이다. 이후 후한시대에 최원崔瑗이라는 학자가 이와 비슷하게 자신의 오른쪽에 삶의 지침이 되는 글을 쇠붙이에 새겨놓아 다른 길로 이탈하는 자신의 마음을 다잡은 데서 좌우명이라 하게 되었다.

탕왕의 반명은 좌우명보다 훨씬 앞서 친민을 위하여 다잡은 마음을 실천하기 위하여 새겨놓은 말이다. 목욕하는 그릇에 '구일신苟日新 일일신日日新 우일신又日新'을 새겨놓은 것은 몸을 깨끗이 닦듯이 사람들과 접하고 난 뒤 사사로운 감정이 생긴 마음의 때를 정갈하게 닦아 흔들린 마음을 바로잡고 다시 사람들과 접함으로써 친민을 이루기 위한 것이다. 이것은 감정을 다스릴 수 있는 수기修己가 된 이후 안인安人을 이루는 것으로서 백성의 명덕을 밝히는 친민의 본보기가 되었다.

"백성을 새롭게 진작시켜라."는 다음과 같은 의미이다.

'작作'은 '일으키다'라는 뜻으로 사람들로 하여금 흥기시켜서 자발적으로 움직이게 하는 것이다. 이것 또한 앞에서 나온 것처럼 백성들이 자발적으로 명덕을 밝힐 수 있도록 모범을 보이는 것을 말한다.

"주나라가 비록 옛 나라이지만 그 명이 오직 새롭다."는 다음과 같은 의미이다.

주나라는 《시경》과 《대학》이 저술되기 전에 건국되었다. 비록 예전 국가였지만 이 두 고전이 저술될 당시의 지도자보다 오히려 주나라 초기의 지도자가 자신의 몸을 새롭게 수신하고 백성이 지속적으로 명덕을 밝힐 수 있게 함으로써 백성이 변화하도록 동기를 부여하여 평화로운 세상을 열어 나갔으니, 《중용》에서 말하는 천명天命이 세상에 베풀어진 모습을 그리워하는 내용이다.

"이 때문에 군자는 그 극을 쓰지 않는 바가 없는 것이다."는 다음과 같은 의미이다.

'극極'이란 스스로 새로워지고 백성을 새롭게 만들어 나감으로써 이루게 될 지선을 말한다. 앞에서 말한 바와 같이 지선이란 도에서 조금도 이탈하지 않는 단계로서 명덕이 완전히 밝아진 것을 의미하며,《중용》에서 말한 성인의 경지이다. 이러한 지선을 이룬 성인의 모습은 성誠이며, 일반 사람에게 그 성誠을 본보기 삼아 성인을 좇아 노력하는 성지誠之를 하는 것이다.

군자는 그 당시 백성을 이끌던 사회지도층이면서 유가적 도덕을 실천해 나가는 지식계층을 말한다. 이러한 군자가 해야 할 일은 자신의 영달이나 남을 이용하여 지위에 오르는 것이 아니라 자기 스스로 수신하여 백성을 새롭게 함으로써 명덕을 천하에 밝히는 것이다.

이렇게 명덕을 밝히고 친민을 행한 군자를 중심으로 일반 백성까지 명덕이 밝아진 국가는 자유롭고 평화로운 사회를 구축한다. 정치가와 관료들은 청렴하게 국민을 위하여 일하고 백성은 정치가와 관료들을 믿고 생업에 전념하므로 정치적으로 안정된다. 정치가 안정되어 부정부패가 없어지고 각자 노력한 만큼의 대가를 정당하게 받는 등 질서가 유지되기 때문에 다른 곳에서 사람들이 몰려와 그 나라의 백성이 되려고 한다. 시장은 원활히 돌아가고 백성이 많아진 국가는 경제적으로 부유해진다.

정치가 안정되어 국가를 지키기 위한 백성의 충성심이 강해지고, 백성의 수가 많아짐에 따라 군사로 동원할 인력이 많아지며, 경제가 발전함에 따라 군량미와 군수품 등이 다른 나라보다 우월하게 많아짐으로써 군사 강국이 되어 외부의 침략으로부터 자유로워진다. 선의의 경쟁이 이루어지고, 남에게 위해危害

를 가하는 범죄가 다른 국가와 비교해 현저히 줄어들어 사회적 안정이 유지된다. 이러한 국가는 문화·예술 면에서도 발전하게 된다.

이와 같이 정치·경제·사회·문화·군사적으로 강한 국가는 상호 선순환善循環해서 점점 부강해지기 때문에 누구나 살고 싶은 나라가 된다. 그러나 부강한 나라라도 부강함과 여유로움의 타성에 젖어 명덕을 밝히는 일을 태만히 하면 그 기틀이 붕괴되고, 그렇게 되면 백성이 나라를 떠나게 되어 이전과 같은 평화는 누릴 수 없게 될 것이다.

마음을 닦고
조이고 기름치자

백성이 안정된 삶을 영위할 수 있는 곳을 향하여 이동하는 것은 당연한 이치이다. 그렇기 때문에 어떤 사회의 중심에 있는 사람들은 자신의 인성人性을 배양하고 타인을 위한 배려를 실천하는 것이 중요하다.

 **대학 전문 3-1**

《시경》에 이르기를 "나라의 서울 주변 천리여, 오직 백성들이 그치는 곳이다."라고 하였고, 《시경》에 이르기를 "지저귀는 황조黃鳥여, 언덕 깊숙한 곳에 그친다."고 하였으니, 공자가 말씀하시기를 "그침에 그 그치는 곳을 알고 있으니, 사람으로서 새만 같지 못할 수 있겠는가?"라 하였다.

《시경》에 이르기를 "심원深遠한 문왕이여. 아! 계속해서 밝혀 공경에 그쳤다."고 하였으니, 임금이 되어서는 인仁에 그치고, 신하가 되어서는 경敬에 그치고, 자식이 되어서는 효孝에 그치고, 아버지가 되어서는 자慈에 그치고, 나라 사람과 더불어 사귈 때는 신信에 그쳤다.

詩云 邦畿千里 惟民所止 詩云 緡蠻黃鳥 止于丘隅 子曰 於止
시 운 방 기 천 리 유 민 소 지 시 운 면 만 황 조 지 우 구 우 자 왈 어 지
知其所止 可以人而不如鳥乎
지 기 소 지 가 이 인 이 불 여 조 호
詩云 穆穆文王 於緝熙敬止 爲人君 止於仁 爲人臣 止於敬 爲人子
시 운 목 목 문 왕 오 집 희 경 지 위 인 군 지 어 인 위 인 신 지 어 경 위 인 자
止於孝 爲人父 止於慈 與國人交 止於信
지 어 효 위 인 부 지 어 자 여 국 인 교 지 어 신

"나라의 서울 주변 천리여, 오직 백성들이 그치는 곳이다."는 다음과 같은 의미이다.

어진 임금이 있는 곳은 앞에서 말한 바와 같이 살기 편안한 곳이다. 왜냐하면 나라가 부강해 외부의 침략으로부터 안전하고, 어진 임금의 선정善政으로 의식주衣食住에 부족함이 없으며, 범죄로부터 보호받을 수 있고, 질서 있는 사회에서 정당한 권리를 누릴 수 있으며, 문화와 예술의 융성으로 인간다운 생활을 영위할 수 있기 때문이다. 이것은 그 나라의 임금이 수신을 통하여 선정을 베풀고 친민으로 백성에게 새로움을 일깨워준 결과이다. 이 시詩에서 말하는 시절은 어진 임금이 선정을 베풀던 때이므로

백성이 그 나라의 서울 주변에 모여들게 된 것이다.

"'지저귀는 황조여, 언덕 깊숙한 곳에 그친다.'고 하였으니, 공자가 말씀하시기를 '그침에 그 그치는 곳을 알고 있으니, 사람으로서 새만 같지 못할 수 있겠는가?'라 하였다."는 다음과 같은 의미이다.

황조, 즉 꾀꼬리가 둥지를 틀 때는 언덕의 울창한 숲 깊숙한 곳에 자리를 마련한다. 이곳이 꾀꼬리의 천적인 뱀, 독수리, 매 등으로부터 안전하기 때문이다. 황조가 안전한 생활이 가능하고 새끼를 낳아 기르기에 편안한 장소를 선택하듯 사람이 사람답게 살기 위해서는 폭군이 다스리는 위험한 나라로부터 벗어나 어진 임금이 선정을 베푸는 곳 근처에 모여 살며 안정된 삶을 영위하여야 한다. 그러므로 사람들이 어진 임금이 있는 곳에서 생활하려 하는 것은 당연한 이치이다.

"'심원한 문왕이여. 아! 계속해서 밝혀서 공경에 그쳤다.'고 하였으니, 임금이 되어서는 인에 그치고, 신하가 되어서는 경에 그치고, 자식이 되어서는 효에 그치고, 아버지가 되어서는 자에 그치고, 나라 사람과 더불어 사귈 때는 신에 그쳤다."는 다음과 같은 의미이다.

다른 나라 백성까지 옮겨와서 살고 싶은 나라를 만든 임금 가운데 한 사람이 주나라 문왕이다. 문왕은 하루도 빠짐없이 새롭게 자신을 닦아 수신함으로써 사람과 사물을 대할 때 공경하는 마음을 잃지 않았다. 특히 문왕은 인간관계의 다섯 가지 위치에서 합당하게 처신하였다. 임금이 되어서는 모든 백성을 사랑하는 인仁의 마음을 베풀었고, 자신이 신하로 있을 때는 임금을 배반하지 않고 공경하는 자세로 임하였으며, 자식으로서는 부모님께 효도하고, 아버지로서는 자식에게 사랑을 베풀었으며, 대인관계에서는 신뢰를 기본으로 행동하였다는 것이다.

나를 중심으로 항상 벗어날 수 없는 기본적인 인간관계는 다섯 가지이다. 이러한 관계에서 행해야 하는 것을《중용》에서는 '오달도五達道'라 하였다. "군신君臣과 부자父子와 부부夫婦와 곤제昆弟 사이의 관계와 친구를 사귀는 것이 천하의 달도達道이다."라는 문장은 나를 중심으로 이루어진 다섯 가지 인간관계를 말한다.

'달達'은 그 끝까지 갔거나 갈 수 있는 것을 뜻한다. 그래서 마치 공기처럼 세상 어느 곳에서나 보편적으로 통하는 도리를 달도達道라 하며, 그것이 다섯 가지라고 해서 오달도라고도 한다. 인간 세상에서 사람다운 사람이 행해야 하는 달도는 충서忠恕의 도道로 실천한다. 이 다섯 가지 인간관계는 오상五常 또는 오륜五倫이라고 말하는 부자유친父子有親, 군신유의君臣有義, 부부유별夫婦有別, 장유유서長幼有序, 붕우유신朋友有信으로 구체화된다. 오달도와 오상에 대해서는 치국평천하를 설명하는 제5부에서 상세히 다루기로 한다.

《시경》에 이르기를 "저 기수淇水의 굽이치는 곳을 바라보니 푸른 대나무가 무성하구나. 문채文彩 나는 군자여. 잘라놓은 듯하고 간 듯하며 쪼는 듯하고 연마하는 듯하다. 엄숙하고 굳세며 빛나고 의젓하구나. 문채 나는 군자여. 끝내 잊을 수가 없구나."라 하였다.

여절여차如切如磋는 학문을 말하고, 여탁여마如琢如磨는 스스로 닦는 것이다. 슬혜한혜瑟兮僩兮는 두려워 (조심)하는 것이며, 혁혜훤혜赫兮喧兮는 위엄 있는 모습이고, "문채 나는 군자여. 끝내 잊을 수가 없구나."라 하는 것은 성덕盛德과 지선至善을 백성이 잊을 수 없음을 말하는 것이다.

《시경》에 이르기를 "아! 전왕前王을 잊지 못한다."고 하였으니, 군자君子는 그의 어진 것을 어질게 여기고 그의 친한 것을 친하게 여기며, 소인小人은 그의 즐거운 것을 즐겁게 여기고 그의 이로운 것을 이롭게 여기니, 이 때문에 세상에서 없어져도 잊지 못하는 것이다.

詩云 瞻彼淇澳 菉竹猗猗 有斐君子 如切如磋 如琢如磨 瑟兮僩兮
시 운 첨 피 기 욱 록 죽 의 의 유 비 군 자 여 절 여 차 여 탁 여 마 슬 혜 한 혜
赫兮喧兮 有斐君子 終不可諠兮
혁 혜 훤 혜 유 비 군 자 종 불 가 훤 혜
如切如磋 道學也 如琢如磨者 自修也 瑟兮僩兮者 恂慄也 赫兮喧
여 절 여 차 도 학 야 여 탁 여 마 자 자 수 야 슬 혜 한 혜 자 준 률 야 혁 혜 훤

兮者 威儀也 有斐君子終不可諠兮者 道盛德至善 民之不能忘也
혜 자 위 의 야 유 비 군 자 종 불 가 훤 혜 자 도 성 덕 지 선 민 지 불 능 망 야

詩云 於戲(嗚呼) 前王不忘 君子 賢其賢而親其親 小人 樂其樂而利
시 운 오 희 오 호 전 왕 불 망 군 자 현 기 현 이 친 기 친 소 인 락 기 락 이 리

其利 此以沒世不忘也
기 리 차 이 몰 세 불 망 야

"문채 나는 군자여. 잘라놓은 듯하고 간 듯하며 쪼는 듯하고 연마하는 듯하다. 엄숙하고 굳세며 빛나고 의젓하구나. 문채 나는 군자여. 끝내 잊을 수가 없구나."는 다음과 같은 의미이다.

'문채 나는 군자'는 아름다운 광채가 자연히 발하는 모습을 말한다. 학식과 견문이 넓다고 문채가 나는 것은 아니다. 이것은 도덕적 인격자로서 도덕미가 완연하게 드러나는 모습인 것이다.

이러한 모습을 동물의 뼈와 뿔, 그리고 옥(玉)과 돌 같은 것을 조각하는 모습으로 비유한 것이 절차탁마(切磋琢磨)이다. '절(切)'은 칼과 톱으로 '자르는' 것이고, '탁(琢)'은 망치와 끌로 물건을 '쪼는' 것을 말한다. 또한 '차(磋)'는 줄과 대패로 나무를 매끄럽게 '다듬는' 것을 말하고, '마(磨)'는 모래와 돌로 빛이 나도록 윤택하게 '연마하는' 것을 말한다. 사람이 학식을 배우고 그 학식을 정밀하게 하는 것과 심성을 가다듬고 그 심성에 따른 행동을 닦아 나가는 것을 동물의 뿔이나 옥돌을 가다듬어 작품을 만들어내는 데 비유한 것이다.

"여절여차는 학문을 말하고, 여탁여마는 스스로 닦는 것이다. 슬혜한혜는 두려워 (조심)하는 것이며, 혁혜훤혜는 위엄 있는 모

습이고, '문채 나는 군자여. 끝내 잊을 수가 없구나.'라 하는 것은 성덕과 지선을 백성이 잊을 수 없음을 말하는 것이다."는 다음과 같은 의미이다.

학문을 한다는 것은 스승에게 배우고, 토론하고, 책을 읽는 등 머리로 공부해서 이치를 깨닫는 과정이다. 또한 수신은 머리로 깨달은 세상의 이치를 몸소 실천하는 것을 말한다. 공부 과정은 학문과 몸소 실천하는 수신의 과정이 병행돼야 진가를 발휘할 수 있다.

또한 '여절여차'와 '여탁여마'에서 절탁과 차마의 과정이 중요하다. '절탁切琢', 즉 절단하거나 쪼아서 일정한 형태를 만든 다음의 과정이 '차마磋磨', 즉 세밀하게 다듬어 매끄럽고 광이 나게 만들어서 완벽한 모양을 갖추는 과정이다.

《논어》에 공자와 자공이 나누는 대화가 나온다. 자공이 "가난하면서 아첨하지 않고 부유하면서 교만하지 않으면 어떻습니까?" 하고 묻자 공자는 이렇게 대답한다. "괜찮다. 그러나 가난하면서 즐기고 부유하면서 예를 좋아하는 것만 못하다."

'가난하면서 아첨하지 않고 부유하면서 교만하지 않는 것'은 절탁의 수준이고, '가난하면서 즐기고 부유하면서 예를 좋아하는 것'은 차마의 수준인 것이다.

슬혜한혜瑟兮僩兮, 즉 두려워 조심하는 모습은 자신의 행동이 이미 아는 것을 제대로 실천하지 못하는 것과 말이 실천을 앞서 실천하지 못하는 경우를 스스로 다스리는 모습을 말한다. 이것은 지행합일知行合一과 언행일치言行一致를 중요시하는 모습이라고 할수 있다. 이렇게 자신을 수신해 나간다면 그 모습은 드러내려 하지 않아도 저절로 드러나 남들이 알게 되어 행동함에 있어 자연스럽게 위엄 있는 모습이 된다. 이러한 모습이 친민의 모습으로 타인의 본이 되어 결국 지어지선에 이르게 되는 것이다.

이러한 수신의 과정을 거친 사람은 문채 나는 군자로서 지식과 실천을 겸비한 도덕적 인격자로 백성의 본보기가 된다. 덕이 충만한 인물이 지도자가 되면 그 사회 구성원 각자의 명덕이 밝아져서 질서가 유지되고 안정적인 사회가 될 것이다. 이러한 사회를 이루는 중심인물이 지닌 모습이 지선인 것이다.

"'아! 전왕을 잊지 못한다.'고 하였으니, 군자는 그의 어진 것을 어질게 여기고, 그의 친한 것을 친하게 여기며, 소인은 그의 즐거운 것을 즐겁게 여기고 그의 이로운 것을 이롭게 여기니, 이 때문에 세상에서 없어져도 잊지 못하는 것이다."는 다음과 같은 의미이다.

전왕이란 요堯·순舜·우禹·탕湯 등 성군의 다스림을 계승해 유가의 도통을 이어받은 문왕文王과 무왕武王을 말한다. 군자는 이러한 전왕의 정신을 이어받은 임금 또는 지도계층을 말하며, 소인小人은 그러한 임금과 지도계층이 다스리는 나라의 백성을 의미한다. 그렇기 때문에 지도계층은 나라를 어질게 다스리고 백성들과 친함을 유지하여 나라 안 모든 사람의 명덕을 밝혀 새롭게 만들게 되고, 이러한 혜택을 입고 자신이 머무를 곳에 머무르며 자신의 위치에 합당한 역할을 하게 된 백성은 평화롭고 안정적인 사회를 이롭게 여기며 태평성대를 즐기게 된다. 따라서 그러한 성덕을 지닌 인물이 세상을 떠나더라도 그 은혜를 잊지 못하는 것이다.

 **대학 전문 4**

공자가 말씀하시기를 "송사訟事를 듣는 것은 내가 다른 사람과 같지만, 반드시 (백성들로 하여금) 송사가 없게 하겠다."고 하였으니, (송사가 없어졌기 때문에) 무정자無情者가 자신의 말을 다할 수 없는 것은 백성들의 마음을 크게 두렵게(하여 조심하게) 하였기 때문이니, 이것이 '근본根本을 안다는 것'을 말하는 것이다.

子曰 聽訟 吾猶人也 必也使無訟乎 無情者 不得盡其辭
자 왈 청 송 오 유 인 야 필 야 사 무 송 호 무 정 자 부 득 진 기 사
大畏民志 此謂知本
대 외 민 지 차 위 지 본

이 예문은 다음과 같은 의미이다.

송사는 오늘날의 재판과 같은 것이다. 현대사회와 달리 삼권이 분립되지 않았던 예전에는 삼권이 중앙에 집중돼 있었다. 사람들 간에 문제가 발생했을 때 송사를 통하여 시비를 가리는 것

은 당연한 일이다. 그러나 한쪽이 악의적으로 송사에 접근하는 무정자^{無情者}라면 사람들을 현혹시키며, 선의로 이런 송사에 휘말린 상대는 심각한 물질적·정신적 피해를 입게 된다.

그런데 지도계층이 명덕이 밝아진 사람일 경우에는 무정자와 같이 악의적인 사람도 자신의 잘못이 세상에 바로 드러날 것이 두려워 알아서 조심하게 된다. 사람의 마음은 이익과 욕심에 따라 수시로 변하기 때문에 누구나 무정자 같은 사람이 될 수 있다. 그러나 명덕이 밝아진 지도계층이 사회를 이끌게 되면 일반 계층 사람들은 거짓을 두려워하고 진실을 좇게 된다. 더 나아가 이러한 사회의 구성원들 또한 지도계층에게 감화되어 명덕을 밝혀 나가게 된다.

이것은 《대학》에서 명명덕으로 표현된 수기가 근본이 되어 먼저 행하게 되는 것이고, 친민이라고 표현된 안인이 말이 되어 수신 이후에 행하게 되는 것이다. 이러한 최종적 목표를 지어지선으로 하여 실행해 나가는 것은 격물치지로부터 시작된다.

제2부

직접경험과 간접경험을 풍부하게 하라

도^道,
격물치지의 시작이다

격물치지와 관련된 사항은《대학》에 상세히 설명되어 있지 않다. 다만 다음과 같은 주자^{朱子6)}의 보궐장^{補闕章}에 어느 정도 설명돼 있어 그것을 근거로 이해해야 한다.

대학 전문 – 주자 보궐 1

근간에 일찍이 정자^{程子7)}의 뜻을 절취^{竊取}하여 (빠진 부분을) 보충해보니 다음과 같다. "이른바 '치지^{致知}는 격물^{格物}에 있다'는 것은 나의 지^知를 지극히 하고자 한다면 (그 방법은) 사물^{事物}에 나가 (접하여) 그 이치를 궁구하게 하는 것에 있음을 말하

---

6 중국 남송의 유학자. 이름은 희(熹), 자는 원회(元晦), 호는 회암(晦庵). 주자는 존칭이다. 주자학을 집대성하였다.
7 정이(程頤, 1033~1107)는 중국 송나라 도학의 대표적인 학자로 이천(伊川)은 그의 호이다. 형인 정명도(程明道)와 함께 성리학과 양명학의 원류가 되었다.

는 것이다. 대개 사람 마음의 영^靈에는 지^知가 있지 않음이 없고
천하의 만물에는 이치^{理致}가 있지 않음이 없으나

間嘗竊取程子之意 以補之 曰 所謂致知在格物者 言 欲致吾之知
간 상 절 취 정 자 지 의 이 보 지 왈 소 위 치 지 재 격 물 자 언 욕 치 오 지 지
在卽物而窮其理也 蓋人心之靈 莫不有知 而天下之物 莫不有理
재 즉 물 이 궁 기 리 야 개 인 심 지 령 막 불 유 지 이 천 하 지 물 막 불 유 리

"이른바 '치지는 격물에 있다'는 것은 나의 지를 지극히 하고
자 한다면 (그 방법은) 사물에 나가 (접하여) 그 이치를 궁구하게
하는 것에 있음을 말하는 것이다. 대개 사람 마음의 영에는 지가
있지 않음이 없고 천하의 만물에는 이치가 있지 않음이 없으나"
의 의미는 다음과 같다.

격물이라는 것은 동물, 식물, 물, 바람, 구름, 책, 사건 등 세상
의 모든 일과 대상을 접하여 관찰하는 것을 말하며, 치지란 이러
한 격물을 통하여 자신에게 내재되어 있는 명덕을 깨달아 외부
로 밝히는 최초의 과정을 말한다. 그것이 가능한 것은 사람의 마
음속에 본래부터 간직된 본성에 의한 지식과 지혜가 존재하기
때문이다. 사람에게 그러한 지혜와 지식이 있는 것은 자연의 이
치이다.

인간과 마찬가지로 동물과 식물 그리고 무생물까지 세상의 모
든 만물에는 이러한 자연의 섭리에 따라 생성된 이치가 존재한
다. 그렇기 때문에 세상의 모든 사물을 접하게 되면 자연의 이치

를 깨닫게 되고, 그 깨달음의 결과로 지혜를 발휘해 원래 지니고 있던 본연의 인간성인 명덕을 차츰 밝혀내는 수양의 과정을 거칠 수 있는 것이다.

격물치지의 근본은 《중용》의 '천명지위성天命之謂性'으로서 천명에 의하여 인간의 마음속에 성性을 부여받았다는 것이다. 인간이 천명에 의하여 성을 부여받았고, 만물에 우주 대자연의 이치가 존재한다는 것을 논리적으로 깨닫게 된 격물치지를 보면 다음과 같다.

예전에 동북아시아에 살았던 지식인들은 일 년이라는 시간이 봄·여름·가을·겨울이라는 사계절의 순서로 운행되는 것을 경험으로 알고 있었다. 봄은 낮이 점점 길어지고 따뜻해지며, 여름은 낮이 가장 길고 뜨거운 열기가 최고조에 달하며, 가을은 밤이 점점 길어지고 열기가 식으며, 겨울은 밤이 가장 길고 차가운 냉기가 최고조에 달한다.

이와 마찬가지로 하루는 아침·점심·저녁·밤으로 시간이 흐른다. 아침은 햇빛이 점점 길어지고 따뜻해지며, 점심은 햇빛이 가장 길게 비치고 가장 온도가 높으며, 저녁은 햇빛이 점점 줄어들고 온도가 낮아지며, 밤은 햇빛이 전혀 보이지 않고 온도가 가장 낮다. 따라서 하루 시간의 움직임은 사계절과 비슷한 양상으로 흐른다.

한 달의 시간적 변화를 이루는 달의 모양도 상현달로 가면서 빛이 점점 밝아지고, 보름달에 빛이 최고조에 달하며, 하현달로 가면서 빛이 점차 줄어들고, 그믐일 때는 빛이 완전히 사라지게 됨으로써 사계절 및 하루의 시간 변화의 모습과 흐름이 같다.

이와 같은 시간 흐름의 네 단계를 사시四時라고 한다. 시간의 흐름뿐만 아니라 공간적 상황도 네 개의 방향으로 이루어져 있으며, 사시와 유사한 모습을 보인다. 동서남북이라는 사방四方을 보면 동쪽은 해가 떠오르는 곳으로 햇빛이 길어지는 방향이며, 남쪽은 가장 따뜻한 곳으로 해가 가장 밝게 빛나는 방향이고, 서쪽은 해가 저무는 곳으로 햇빛이 짧아지는 방향이며, 북쪽은 가장 추운 곳이고 햇빛이 가장 약한 방향이 된다. 그 당시 동북아시아의 지식인들은 이러한 모습을 관찰함으로써 시간의 흐름과 공간의 배치가 어떠한 연관성 또는 법칙에 따라 진행되고 자리를 잡게 된다는 것을 깨달았다.

한편, 시공간을 넘어서 생로병사生老病死와 같은 생명의 주기도 이와 유사하다는 것을 알게 되었다. 예를 들어 나무를 관찰해보면 봄에는 새로운 새싹이 돋아나 생명이 태동하고, 여름에는 그 생명이 왕성하게 활동하며, 가을에는 생명활동이 결실을 맺는 한편 다음 해에 새로운 생명을 이어가기 위한 숙살지기肅殺之氣[8]에 따라 단풍과 낙엽이 지고, 겨울에는 뿌리와 씨앗으로 매서운 추위를 견뎌낸다.

나무의 1년 주기를 연장하면 나무의 평생 주기가 되며, 그것은 일년생식물의 생사 주기와 다를 것이 없다. 새싹이 돋아나

----
[8] 가을의 쌀쌀한 기운으로, 일년생식물은 사라지게 하고 다년생식물은 성장을 멈추게 한다.

고 꽃을 피워 수정하고, 여름에 가장 활발하게 생장을 하다가 가을이 되면 씨앗이 여물어 겨울에는 그 씨앗이 땅속에서 봄을 기다리다가, 다음 해에 같은 주기로 다음 생명이 뒤를 이어 나간다.

사람을 비롯한 동물의 생명 주기도 나무와 같은 식물의 1년 주기와 비슷한 주기를 보인다. 생명이 태어나 어린 시절을 보내고, 청년 시절에 가장 활발히 활동하다가, 가을이 되면 자신의 일생에 이룬 결과를 맺고, 노인이 되어 생을 마감하지만 자식을 통하여 생명을 계속 이어 나간다.

그런데 생물만 이러한 주기를 보이는 것은 아니다. 무생물에도 생물과 비슷한 생명력이 존재한다. 한 예로, 평지가 지각변동으로 융기되어 산이 된다. 뾰족한 바위와 가파른 흙으로 이루어져 험준한 것이 처음 탄생한 산의 모습이다. 여기에 풀과 나무가 자라나고 바위와 흙이 있으면 많은 생명이 이곳에 둥지를 틀게된다. 그러다 산은 비바람에 깎여 낮은 언덕으로 변하고, 세월이 지나면 이 언덕도 평지로 되돌아간다.

생물과 무생물뿐만 아니라 어떠한 일의 흐름도 비슷한 주기를 나타낸다. 한 나라의 역사를 보면 새로운 나라가 탄생해 영토를 확장하고 문화를 융성하게 한 뒤 그 결과가 문헌이나 유적으로 남는다. 그러나 영원한 왕조는 없다. 어느덧 쇠퇴기에 접어들어 힘을 잃고 결국 멸망하고 만다. 그런 가운데서도 문화와 문명은 사라지지 않고 패망한 왕조의 뒤를 이은 국가에서 전승되며, 그 문화를 바탕으로 또 다른 문화가 이룩된다.

사람의 만남이나 관계, 글이나 시나리오 같은 것도 마찬가지이다. 인간관계에서의 만남과 헤어짐 그리고 다양한 감정을 묘사하는 소설과 시나리오는 같은 구조를 지닌다고 할 수 있다. 이것을 기승전결起承轉結이라고 한다.

기起는 새로운 이야기가 시작되는 부분으로 내용의 설정 등이 드러난다. 승承은 활발한 전개구조로 문제와 갈등 등을 묘사하고, 전轉은 절정의 과정으로 전개된 내용을 정리한다. 결結은 내용을 마무리 지으며 상황을 끝낸다.

이와 같이 세상에 존재하는 생물과 무생물을 지칭하는 물物 및 일과 사건의 흐름을 말하는 사事, 즉 사물事物의 생명과 생명력은 비슷한 양상의 일정한 주기를 지닌다는 것이 관찰되었다. 이것이 가장 근본적인 격물格物이다.

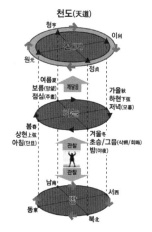

그림1 천문 지리 관찰

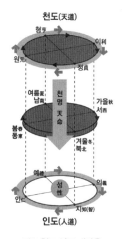

그림2 천도 인도 깨달음

이러한 격물에 의하여 당시 지식인들은 다음과 같은 논리를 세웠다.

세상의 모든 사물의 생명 주기에 영향을 미치는 절대적 존재가 있다. 그 존재는 대자연이 될 수도 있고 신神이 될 수도 있다. 동북아시아에서는 눈에 보이는 하늘이 아니라 그 하늘에 살면서 세상을 주재하는 천天이라는 존재를 상상해냈다. 사시四時와 사방四方, 사물事物의 생로병사와 기승전결의 주기에 영향을 미치는 천天의 움직임이 있다는 것이다. 이러한 논리에 따라 등장한 것이 《주역》의 원元·형亨·이利·정貞이라는 천의 사덕四德이다.

원형이정에 의하여 봄·여름·가을·겨울, 아침·점심·저녁·밤, 상현·보름·하현·그믐과 같은 사시四時와 동·서·남·북과 같은 사방四方이 만들어지고, 다양한 사물이 유사한 모습으로 생성된다. 원형이정에 의하여 생명을 부여받은 생물은 생로병사뿐만 아니라 사시를 닮은 각자의 본성을 지닌다. 특히 사람은 천의 특성을 가장 많이 닮은 품성을 지녔는데, 그것이 《중용》의 천명지위성이다. 성性은 천天의 사덕인 원형이정의 영향을 받아 그와 유사한 성질을 지니게 되는데, 이러한 원형이정에 대비해 성을 세분화한 것이 인의예지仁義禮知라는 사람의 사덕이다.

원형이정이 움직이는 길이 천도天道, 인의예지가 움직이는 길이 인도人道이다. 이러한 도道라는 길을 따라 이탈하지 않고 올바르게 가는 행위를 선하다고 하며, 선한 행동으로 인하여 만들어지는 인간다운 면모가 덕이다. 덕이 높다는 것은 그만큼 선하게 행동한다는 것이다. 따라서 명덕은 가장 높은 덕으로서 조금도 도에서 이탈하지 않는 지선에 의하여 형성되는 완벽하게 인간다운 면모이다. 이와 같은 내용이 유가에서 천문의 운행과 사물을 관찰하여 알게 된 가장 근본적인 격물치지이다.

유가만이 자연현상을 보고 도를 깨달은 것은 아니다. 도가^{道家} 역시 자연현상을 격물치지하여 도를 깨닫고 나름대로 도에 대한 관점을 보이고 있다.

먼저 유가에서 말하는 도는 우주만물의 규율이며 원리이다. 도는 앞에서 말한 원형이정이 일정하게 주기를 가지고 움직이는 길이다. 지구가 태양의 주위를 도는 궤도와 같이 원형이정이 천을 중심으로 궤도를 그리며 움직이는 길을 말한다. 이 도를 따라서 원형이정이 움직이고, 원형이정의 도의 궤적과 유사하게 지구가 돌고, 달이 돌고, 사물의 생로병사 등이 도는 모습을 보임으로써 우주가 돌게 된다. 그렇기 때문에 도를 이치^{理致}, 진리^{眞理}, 본체^{本體} 등의 의미로 받아들이게 된 것이다.

따라서 유가에서는 우주의 이치를 도라고 하여 천도^{天道}라 하였고, 이 천도를 본받아 사람들이 세상에 베풀어야 할 진리를 인도^{人道}라 하였다. 천도와 인도는 사물의 당연한 이치로서 불멸의 영원무궁한 진리가 된다.

《논어》에는 다음과 같이 공자가 도에 대하여 언급한 내용이 있다.

志於道
지 어 도
朝聞道 夕死可矣
조 문 도 석 사 가 의
人能弘道 非道弘人
인 능 홍 도 비 도 홍 인

도에 뜻을 두었다.

아침에 도를 들으면 저녁에 죽어도 좋다.

사람이 도를 넓힐 수 있는 것이지 도가 사람을 넓히는 것이 아

니다.

　공자가 말한 도는 천도라는 우주의 이치에 맞추어 사람으로서
행동해야 하는 인도人道를 말한다. 따라서 사람으로서 당연히 행
동해야만 하는 것을 도라고 한다. 그렇기 때문에 도에 뜻을 두고
도가 이루어지는 세상에 대한 갈망과 열성을 보이고, 사람으로
서 천도에 근접할 수 있을 만큼 도를 넓혀 나갈 것을 권장한다.
이것이 바로 공자가 말한 도이다.

　공자는 이것을 오도吾道라 하였고, 제자들은 부자지도夫子之道라
하였다. 공자의 도는 바로 인간관계에서 타인을 배려하는 충서
忠恕가 되며, 이에 대해《논어》와《중용》에서는 다음과 같이 말하
고 있다.

吾道一以貫之
오 도 일 이 관 지

나의 도는 하나로써 꿰뚫고 있다.

．

率性之謂道
솔 성 지 위 도
忠恕違道不遠
충 서 위 도 불 원

성을 따르는 것이 도이다.

충서는 도에서 멀지 않다.

 천의 사덕과 닮아 있는 인간의 사덕이 인의예지仁義禮知이다. 이
것에 따라 움직여야 인간 세상의 질서가 바로잡히게 된다. 그것
이 인간이 수양하고 실천해야 하는 인도다. 인도의 구체적인 방
법은 나의 마음을 충실하게 하고 남을 배려하는 충서이다. 그러
한 충서를 행하기 위하여 격물치지로부터 시작하여 평천하에
이르는 내용이 바로《대학》의 대학지도大學之道 체계인 것이다(충
서에 대해서는《대학》제10장을 설명할 때 상세히 다루기로 한다). 한편,
유가에서 천을 지칭하지 않고 언급하는 도는 주로 인도人道를 말
하는 것이다.
 천지운행을 격물하여 치지한 내용으로 이것을 유가뿐만 아니
라 도가와 법가까지 기본으로 삼았다. 노자老子의《도덕경道德經》
제1장 가도장可道章의 내용은 다음과 같다.

道加道 非常道 名可名 非常名
도 가 도 비 상 도 명 가 명 비 상 명

無 名天地之始 有 名萬物之母
무 명 천 지 지 시 유 명 만 물 지 모

故
고

常無 欲以觀其妙 常有 欲以觀其徼
상 무 욕 이 관 기 묘 상 유 욕 이 관 기 요

此兩者 同 出而異名 同 謂之玄 玄之又玄 衆妙之門
차 양 자 동 출 이 이 명 동 위 지 현 현 지 우 현 중 묘 지 문

도道는 도라고 할 수 있으나 항상 도가 되지 않고 이름은 이름 지을 수 있으나 항상 그 이름이 아니다.

무無는 천지天地의 처음을 이름 지은 것이며, 유有는 만물의 어머니로 이름 지은 것이다.

그러므로

항상 무로써 그 묘함을 관찰하려고 하며, 항상 유로써 그 경계를 관찰하려고 하니

(무와 유) 이 두 가지는 같으나 나와서 이름을 달리한 것이다. 같다는 것을 현묘하다고 이르고, 현묘하고 또 현묘해서 모든 오묘함의 문이 된다.

도라는 것은 사시가 있고 사방이 있으며, 생로병사가 있고 인의예지가 있으며 이들 간에 어떠한 연관성이 있다는 사실을 깨닫고 유추해낸 것이다. 그러나 인간이 유추해낸 도가 완벽한 도가 될 수는 없다. 인간이 모르는 넓은 우주의 움직임과 미립자보

다 미세한 세계의 움직임이 있고, 인간이 보고도 이해할 수 없는 현상이 존재하기 때문이다. 따라서 인간이 사시라고 이름 짓고 사방이라고 이름 지을 수는 있지만, 그것은 인간의 관점에서 보는 이름이지 우주 본체에서 바라본 이름은 아닐 수도 있다.

무無라는 것은 우리가 볼 수 없는 원형이정의 움직임인 천도를 말하는데, 이에 의하여 천지와 우주 삼라만상이 탄생하게 된다. 이러한 우주의 탄생은 우리가 볼 수 있는 유有가 된다. 따라서 천도는 그 오묘한 일을 행하면서도 눈에 보이지 않기 때문에 무가 되며, 그 무에 의하여 우주와 사물이 탄생하고 사시와 사방과 사물의 주기가 생기는 현상세계의 유가 된다.

변하지 않지만 눈에 보이지 않는 천도는 그 오묘한 진리로써 사람들이 논리적으로 다가갈 수 있으며, 변하지 않고 눈에 보이는 사시로 대표되는 우주의 움직임으로써 천도를 관찰할 수 있기 때문에 천도와 자연의 움직임의 경계가 된다.

천도와 사시의 관계는 천도에 의하여 사시가 만들어지므로 사시는 천도를 설명할 수 있는 실마리가 되지만 사시가 곧 천도는 아니다. 일 년이라는 세월을 지내봐야 사계절을 알 수 있듯이 미래에 어떠한 일이 일어날지는 모르지만, 어떠한 일이 일어난 이후 일정 기간을 두고 그 패턴을 보면 다양한 법칙이 존재한다는 것을 알게 된다. 그 패턴은 사물마다 다르게 나타나지만 일정한 법칙을 보이기 때문에 오묘하고 또 오묘하다고 하는 것이다.

이것이 이루어진 근원이 도가道家에서는 도道이며, 유가儒家에

서는 천도天道가 되는 것이다. 다만 유가는 그것을 인간관계에서
먼저 마음을 다잡고 그 이후에 인의예지라는 본성에 따라 남을
배려하는 충서로 천도에 근접하기 위하여 인도를 이루는 것이
다. 또한 도가는 노자의 허정虛靜이나 장자莊子의 심재좌망心齋坐忘
으로 마음을 깨끗하고 고요하게 다잡음으로써 유有라는 감정의
경계를 벗어나 우주의 본체이며 진리인 무無로 다가가는 방법을
통하여 도를 이루려는 것이다.

　이와 같이 하늘의 움직임과 땅의 모습을 살피고 사물의 변화
를 관찰하는 격물치지를 통하여 본원적인 도道를 깨닫고,《대학》
에서 추구하는 명덕을 밝히는 것은 유가와 도가의 방법과 명칭
만 다를 뿐 본원에 의지하여 추구한다는 점은 다를 것이 없다.
본원적인 도를 알게 됨으로써 실천의 도를 깨닫고 실천해 나가
려면 다양한 사물에 대한 격물치지를 해야 한다. 우리가 살아가
는 일상의 모든 것이 격물치지의 대상이 되는 것이다.

주변의 모든 것이
격물치지의 대상이다

《대학》의 명덕은 앞에서 언급된 《중용》에서의 격물치지에 의하여 깨닫게 된 천명지위성天命之謂性으로 알게 된 것이다. 그냥 덕德이라고 할 때는 어떤 사람이 인의예지의 성性에 근접해 선한 행위를 하는 만큼의 인간다운 면모를 말하는 것이고, 명덕은 천명에 의하여 인간에게 부여된 가장 완벽한 인간다운 인간상을 말한다.

명명덕明明德, 즉 '명덕을 밝힌다'는 것은 원래 명덕이 인간 마음속에 잠재돼 있지만 희로애락喜怒哀樂이라는 감정에 의하여 밖으로 드러나 있지 않은 것을 세상에 이끌어낸다는 것이다. 이와 같이 명덕을 밝힌 사람의 행동은 선한 행동에 머무르게 되고, 이것을 주변 사람들에게 베풀어 본받게 함으로써 그들도 자신에게 내재한 명덕을 이끌어내게 하는 것이 바로 친민親民이다. 지어지선止於至善, 즉 '지극한 선에 그친다'는 것은 이러한 친민에 의하여 주변부터 선한 행동에 이르게 하고, 이것이 점차 확대되어 마침내 세상 모든 사람이 감화돼 명덕을 밝힘에 따라 선한 행동에 이르게 되는 것을 말한다.

《중용》에는 명덕과 선의 원리가 설명되어 있고,《대학》에는 그 명덕을 세상에 밝힘으로써 유가적 이상향으로 가는 방법이 체계적으로 설명돼 있다. 그렇기 때문에 《대학》과 《중용》은 서로 겉과 속이라는 표리관계에 있다고 말하는 것이다.

인간의 본성을 깨닫게 된 근본적 격물치지를 기반으로 세상의 모든 일에 심혈을 기울여 격물치지해야만 자신의 명덕을 밝힐 수 있다. 인간의 본성만 안다고 해서 자신의 명덕이 밝아지는 것은 아니기 때문이다. 명덕을 밝히려면 수신을 해나가야 하는데, 수신을 하려면 다양한 방면으로 자신과 대면하는 사물에 대해 수시로 격물치지부터 시작해야만 한다.

그러한 모습이 자신의 본성을 일깨우는 세부적 격물치지이며, 그것이 이치를 궁구하게 하는 모습이 된다. 팔조목의 순서에서 수신의 단계가 격물·치지·성의·정심이고 친민의 단계가 제가·치국이라 했는데, 그렇다고 친민의 단계에서 격물치지를 하지 않는 것은 아니다. 팔조목의 순서는 단지 본말에 입각한 기본 순서일 뿐이다. 성의·정심 단계에서도 또 다른 격물치지가 발생할 수 있으며, 심지어 친민 단계에서도 격물치지는 이루어질 수 있는 것이다.

따라서 격물치지는 인간이 살아가는 동안 마주치는 모든 사물에 적용해야 한다. 자연과 접할 때나 사람과 접할 때도 마찬가지이다. 그것이 바로 탕왕의 반명^{盤銘}에 새겨진 '구일신^{苟日新} 일일신^{日日新} 우일신^{又日新}'의 모습이다.

대학 전문 - 주자 보궐 2

오직 이치에 궁구하게 하지 않음이 있었기 때문에 그 지^知를 다하지 못함이 있었던 것이다. 이 때문에《대학》을 처음 교육할 때에 반드시 배우는 사람으로 하여금 무릇 천하의 만물에 나아가자신이 이미 알고 있는 이치로 인하여 (이미 알고 있는) 그것을 더욱 궁구하게 하는 것이다. 그렇게 함으로써 그 지극함에 이르는것을 구하지 않음이 없도록 하게 하고, 힘쓰기를 오래하여 하루아침에 활연관통^{豁然貫通}함에 이르게 된다면 모든 사물의 표리^{表裏}와 정조^{精粗}에 이르지 못함이 없을 것이며, 내 마음의 전체대용^{全體大用}이 밝게 되지 않음이 없을 것이다. 이것이 (사물에 나아가는)'물격^{物格}'을 말하는 것이며, 이것이 (지^知가 지극함에 이르는) '지지지^{知之至}'를 말하는 것이다."

惟於理 有未窮 故 其知有不盡也 是以 大學始教 必使學者 卽凡天
유 어 리 유 미 궁 고 기 지 유 부 진 야 시 이 대 학 시 교 필 사 학 자 즉 범 천
下之物 莫不因其已知之理而益窮之 以求至乎其極 至於用力之久
하 지 물 막 불 인 기 이 지 지 리 이 익 궁 지 이 구 지 호 기 극 지 어 용 력 지 구

而一旦 豁然貫通焉 則衆物之表裏精粗 無不到 而吾心之全體大用
이 일 단 활 연 관 통 언 즉 중 물 지 표 리 정 조 무 불 도 이 오 심 지 전 체 대 용
無不明矣 此謂物格 此謂知之至也
무 불 명 의 차 위 물 격 차 위 지 지 지 야

"오직 이치에 궁구하게 하지 않음이 있었기 때문에 그 지를 다하지 못함이 있었던 것이다. 이 때문에《대학》을 처음 교육할 때에 반드시 배우는 사람으로 하여금 무릇 천하의 만물에 나아가 자신이 이미 알고 있는 이치로 인하여 (이미 알고 있는) 그것을 더욱 궁구하게 하는 것이다."는 다음과 같은 의미이다.

세상의 모든 사물은 천도에 의하여 만들어진 것이기 때문에 세상의 이치를 알려 한다면 직접으로든 간접으로든 그 대상을 접해야만 한다. 이미 알고 있는 이치란 천으로부터 받은 천부적인 지知와 자신이 세상을 살면서 경험해온 지식과 지혜를 이용하는 것이다. 그렇기 때문에《대학》에서 요구하는 격물치지를 제대로 해나가려면 먼저《중용》공부를 병행하여 성과 인의예지를 이해하는 것이 바람직하다.

"그 지극함에 이르는 것을 구하지 않음이 없도록 하게 하고, 힘쓰기를 오래하여 하루아침에 활연관통함에 이르게 된다면 모든 사물의 표리와 정조에 이르지 못함이 없을 것이며, 내 마음의 전체대용이 밝게 되지 않음이 없을 것이다. 이것이 (사물에 나아가는) '물격'을 말하는 것이며, 이것이 (지가 지극함에 이르는) '지지지'를 말하는 것이다."는 다음과 같은 의미이다.

격물은 특히 인간관계를 중요시한다. 인간관계에서 오는 여러 가지 상황을 우주의 원리인 천도에 입각한 인도에 따라 행하는 것이 중요하다고 하겠다. '표리表裏'와 '정조精粗'는 어떤 사건이 발생하였을 때, 그 상황이 겉으로 드러나는 면과 내면적으로 지니고 있는 상황을 말하는 것이다.

또한 활연관통과 전체대용이 밝게 되는 것은 천도에 의하여 인의예지가 인간에게 부여된 것처럼 모든 사물에도 같은 유형의 천도의 모습이 내재돼 있기 때문이다.《중용》제1장에는 이와 같은 사실이 이렇게 설명되어 있다.

道也者 不可須臾離也 可離 非道也
도 야 자 불 가 수 유 리 야   가 리   비 도 야

도라는 것은 잠시라도 떠날 수 없는 것이니, 떠날 수 있다면 도가 아니다.

천도天道에 의하여 모든 사물이 생성되었으며, 인간은 생명과 성이라는 순수한 성품까지 천도에 의하여 부여받았다. 또한 우리가 대하는 동물과 식물의 생명과 그 특성도 천도에 의하여 만들어졌으며, 우리가 접하는 일이나 사건 또는 자연환경 등도 모두 천도에 의하여 만들어지고 특성이 생긴 것이다.

따라서 우리 주변에 있는 모든 것에는 천도의 흔적이 남아 있고, 인간이 그 대상들과 조화를 이루기 위해서는 우리가 지닌 천

도의 흔적인 인의예지 성性을 따라야 한다. 그렇기 때문에 떠날 수 있다면 도가 아니라고 한 것이다.

또한 《중용》 제12장에는 다음 내용이 있다.

君子之道 費而隱 夫婦之愚 可以與知焉 及其至也 雖聖人 亦有所
군 자 지 도 비 이 은 부 부 지 우 가 이 여 지 언 급 기 지 야 수 성 인 역 유 소
不知焉 夫婦之不肖 可以能行焉 及其至也 雖聖人 亦有所不能焉
부 지 언 부 부 지 불 초 가 이 능 행 언 급 기 지 야 수 성 인 역 유 소 불 능 언
天地之大也 人猶有所憾 故 君子語大 天下莫能載焉 語小 天下莫
천 지 지 대 야 인 유 유 소 감 고 군 자 어 대 천 하 막 능 재 언 어 소 천 하 막
能破焉
능 파 언

군자의 도道는 비은費隱하다. 어리석은 부부夫婦라도 참여하여 알 수 있지만 그 지극함에 이르러서는 비록 성인聖人이라도 또한 알 지 못하는 바가 있고, 어리석은 부부夫婦라도 행할 수 있지만 그 지극함에 이르러서는 비록 성인이라도 또한 행할 수 없는 바가 있다. 천지天地가 큼에도 사람이 오히려 한스러워하는 바가 있다. 그러므로 군자가 큰 것을 말하면 천하가 담지 못하고, 작은 것을 말하면 천하가 쪼갤 수 없다.

"군자의 도는 비은하다."는 다음과 같은 의미이다.

비費는 '세상에 널리 퍼져 있다'는 뜻이고, 은隱은 '원리가 드러 나 있지 않고 은미하다'는 뜻이다. 천도天道는 우주의 모든 사물 을 만든 원리이기 때문에 원자·미립자보다 작은 것에서부터 시

작해 광대한 우주까지 영향력이 도달하지 않는 곳이 없다. 그러나 그 원리는 특별한 설명도 없이 자연의 움직임 속에 감춰져 있다. 군자의 도는 천도를 본받는 것이기 때문에 세상 어느 곳에나 적용할 수 있다는 것이다. 그리고 천도처럼 상대방에게 내세우지 않고 상대방이 알아주지 않아도 된다. 단지 천도가 모든 사물의 도를 만든 것처럼 자신이 수신하고 중용을 실천함으로써 상대방에게 자연스럽게 전파시키는 것이다. 그래서 군자의 도는 비은이라고 말하고 있다.

"어리석은 부부라도 참여하여 알 수 있지만 그 지극함에 이르러서는 비록 성인이라도 또한 알지 못하는 바가 있고, 어리석은 부부라도 행할 수 있지만 그 지극함에 이르러서는 비록 성인이라도 또한 행할 수 없는 바가 있다. 천지가 큼에도 사람이 오히려 한스러워하는 바가 있다. 그러므로 군자가 큰 것을 말하면 천하가 담지 못하고, 작은 것을 말하면 천하가 쪼갤 수 없다."는 다음과 같은 의미이다.

군자의 도는 보통 부부가 일상생활을 하는 가운데 일어나는 소소한 일에서부터 성인이 사람들을 다스리는 위대한 일까지 적용할 수 있다는 것이다. 소소한 것과 위대한 것뿐만 아니라 그것을 넘어 사람들이 아직까지 경험해본 적 없는 일에도 적용할 수 있는 것은 무한한 천도가 적용되는 모든 분야에 적용시킬 수 있다는 것이다. 즉, 일상생활을 넘어 대자연을 향하고 우주를 향하여 간다면 끝도 없이 무한한 것이 되고, 작은 것을 향하여 간다면 원자를 쪼개는 것을 반복해 현재 미립자까지 도달했지만 이것마저도 쪼개서 더 이상 쪼갤 수 없는 미세한 곳까지 도달할 수 있는 것이 군자의 도인 것이다.

따라서 활연관통하고 전체대용에 밝게 되려면 상황에 맞는 중용의 기준을 알고 행할 수 있어야 한다. 즉, 인의예지를 안다는 것은 중용을 안다는 것이다.

천도의 원형이정元亨利貞의 가운데에는 주재자 천天이 중심을 잡고 있다. 이와 마찬가지로 일 년 사계절의 가운데에는 태양이 중심을 잡고 있으며, 달의 사시四時에는 지구라는 중심이 존재한다. 하루의 사시 가운데에는 지구의 자전축이 중심을 잡고 있다.

이러한 자연의 중심에 따라 균형을 이루는 것이 중中이다. 중을 잃게 되면 그중에 영향을 받는 존재가 혼란에 빠지며, 심하면 그 존재가 사라져버릴 수도 있다. 예를 들어 지구의 자전과 공전이 지금과 같은 중을 유지하지 못한다면 지구에 존재하는 모든 사물은 생명 또는 생명력을 보전할 수 없게 된다. 이와 마찬가지로 개인이 중을 잃고 사회가 중을 잃어버리면 그 개인과 사회는 질서가 무너져 혼란에 빠질 수밖에 없다.

중용에서 중中은 한쪽으로 편벽되거나 치우치지 않고 넘치거나 모자람도 없는 상태를 말한다. 또한 용庸은 변치 않는 것을 뜻한다. 즉, 천도의 일관된 중에 가장 근접하도록 일상에서 유지하는 것이 용이다. 매사에 접하는 사물을 관찰하고 상황과 시점에 맞게 중을 유지하는 행위가 중용인 것이다. 중용을 간단하고 쉽게 이해할 수 있는 사자성어가 《논어》 선진^{先進}편 제15장에 언급된 과유불급^{過猶不及}이다.

子貢 問 師與商也孰賢 子曰 師也 過 商也 不及 曰 然則師愈與
자 공 문 사 여 상 야 숙 현 자 왈 사 야 과 상 야 불 급 왈 연 즉 사 유 여

子曰 過猶不及
자 왈 과 유 불 급

공자의 제자인 자공^{子貢9)}이 공자에게 "자장^{子張10)}과 자하^{子夏11)} 중에서 누가 낫습니까?" 하고 묻자 공자는 "자장은 지나치고 자하는 부족하다."고 말하였다. 그러자 자공이 "그러면 자장이 낫습니까?" 하자 공자는 "과유불급, 즉 지나친 것은 부족한 것과 같다."고 하였다.

9 성은 단목(端木), 이름은 사(賜), 자는 자공(子貢)이다. 위나라 사람으로 공자보다 31세 연하이다. 공자의 대표적인 제자 가운데 하나로 말을 잘하고 이재(理財)에 밝아 공자를 경제적으로 많이 도와준 것으로 전한다.
10 성은 전손(顓孫), 이름은 사(師), 자는 자장(子張)이다. 공자보다 48세 연하로 공자의 제자 가운데 자천(子賤)과 함께 가장 나이가 어리다. 재주가 뛰어나고 아량이 넓었다고 전해진다.
11 성은 복(卜), 이름은 상(商), 자는 자하(子夏)이다. 위나라 사람으로 공자보다 44세 연하였다. 공자의 제자 가운데 자유(子游)와 함께 문학에 뛰어났으며, 예를 중하게 생각한 것으로 전한다.

이렇게 넘치지도 않고 부족하지도 않게 적절히 판단하고 행동하는 것이 중용이다. 다양한 상황에 따른 중용을 지키기 위해서는 다양한 대상에 접근할 필요가 있다. 먼저 천도^{天道}와 인도^{人道}, 그리고 인의예지를 깨닫게 된 사계절을 비롯한 사시와 사방이 있고, 그러한 시공간에 존재하는 다양한 존재가 그것이다. 바다와 육지, 산과 강, 동물과 식물, 온도와 습도, 바

람과 구름 등과 같은 자연이다.

　인간이 이룩한 역사와 문화, 그리고 예술과 문헌은 과거에 존재했던 일을 격물하여 치지에 이를 수 있는 중요한 대상이 된다. 역사는 같은 양상을 반복하기 마련이며, 그렇게 반복되는 사건을 접하면서 깨닫는 바가 있다. 중흥기의 장점이 무엇이고 쇠퇴기의 단점이 무엇인지를 파악할 수 있는 것이다. 중흥기는 질서가 유지되고 문화가 융성하는 시기로 반드시 터득할 선이 존재하며, 쇠퇴기는 질서가 혼란해지기 때문에 반드시 경계해야 할 불선^{不善} 또는 악이 존재하기 때문이다.

　이처럼 다양한 과거와 현재의 일을 간접적으로 접할 수 있는 것이 고전^{古典}을 비롯한 책이다. 철학서, 역사서, 소설, 시, 수필 등 많은 장르의 책에서 다양한 간접경험을 할 수 있으며, 그것으로 격물치지에 이르는 좋은 방법이 된다.

　한편, 현대사회에서 가장 활발하고 광범위하게 간접경험을 할 수 있는 것이 방송과 인터넷을 통한 지식의 습득이다. 전 세계에서 일어나는 일이 시간별로 뉴스를 통하여 우리에게 전달된다. 다양하고 방대한 지식을 방송과 인터넷을 통하여 거의 실시간으로 알 수 있는 세상이 되었다. 또한 SNS를 이용하여 자국은 물론 타국 사람들과도 교류할 수 있어 외국인의 생활상도 쉽게 접할 수 있다.

　궁금한 점이나 학문적으로 접근하고 싶은 내용이 있을 때는 포털사이트의 검색창에 단어만 입력하면 다양한 정보를 얻을 수 있다. 예전에는 PC가 이런 일을 수행했지만 불과 10년 사이에 스마트폰이 널리 보급되어 이동 중에도 이러한 정보에 접근할 수 있게 되었다. 과거에 일어났거나 현재에 발생하는 사건과 학문적 연구물을 언제 어디서나 관찰하고 자신의 지식으로 만들 수 있게 된 것이다.

이와 같이 다양한 사물에 격물치지할 때는 유의할 필요가 있다. 넘쳐나는 정보의 홍수 속에서 격물은 다양할 수 있으나 사람마다 가치관이 다르고 국가마다 문화가 다르므로 격물을 할 때 표준이 바로 서지 않으면 치지가 혼란에 빠질 수 있기 때문이다.

그 표준은《중용》에서 언급한 인의예지라는 성에 따라 명덕을 밝힘으로써 선함에 근접한다는 목적이 명확해야 한다. 그렇기 때문에 다양한 상황에 따른 중용을 지키기 위해 과거 성현^{聖賢}이 천문과 지리를 격물치지하여 깨닫게 된 천도와 인도의 의미를 절차^{切磋}하고, 몸으로 탁마^{琢磨}해 나가는 것을 우선적으로 행해야만 한다. 그 이후 다양한 사물을 접할 때 그것을 심도 있게 관찰하고 그것으로부터 천도와 인도에 부응하는 의미를 깨닫는 것이 격물치지인 것이다.

자연을
벗 삼아라

　가장 근본적인 격물치지에 따라 인의예지를 깨닫는 방법은 앞에서도 언급했듯이 자연을 먼저 관찰하는 것이다. 자연을 가장 먼저 격물치지의 대상으로 삼는 것은 자연이 인간과 마찬가지로 천도에 의하여 생성되었으면서도 인간과는 달리 희로애락의 감정이 작용하지 않아 인간보다 천도에 근접한 모습이기 때문이다. 그렇기 때문에 수기안인修己安人을 하기 위해 자연과 친숙하고, 자연을 관찰하면서 스스로 격물치지하는 습관을 길러야 한다.

　옛 선인들도 자연을 벗 삼아 다양한 철학적 사유를 도출하였다. 자연 가운데서도 물이 중요한 격물치지 대상이었다. 물은 생명의 근원으로서 역할을 한다. 동물은 물과 함께 알이나 자궁에 있다가 세상 밖으로 나오며, 식물의 씨앗은 물이 없으면 싹을 틔울 수 없다. 또한 동물과 식물 등 모든 생명체는 물이 없으면 생명을 유지할 수 없다.

한편, 물은 자연계의 물질 상태인 고체, 액체, 기체의 모습으로 일상에서 쉽게 변화한다. 이러한 변환점이 우리가 사용하는 섭씨의 기준이 된다. 상온에서 액체 상태인 물이 고체 상태로 어는 점이 0℃이고, 기체 상태로 끓는점이 100℃이다.

또한 물은 비중의 기준이 된다. 비중은 4℃의 물을 기준으로 하는데, 물 1cm^3의 무게를 1g으로 하고 이때 물의 밀도를 1로 한다. 비중이 1보다 큰 물질은 물에 가라앉고 1보다 작은 물질은 물에 뜨는 것이다.

인간은 언제나 물이 합수하는 지점이나 강 하류와 같이 교통과 식수의 공급이 원활한 지점에 모여 살았다. 물은 인간 생활에 공기와 함께 가장 필요한 존재이며, 물질의 기준이 되는 특성이 있고, 고체의 특성과 액체 및 기체의 특성을 모두 지녔기 때문에 자연의 모습을 격물하기에 가장 용이한 사물이다.

그렇기 때문에 물에 대한 격물치지의 내용이 유가와 도가 등에서 많이 등장한다. 먼저 노자老子[12]의 《도덕경道德經》 제8장에 등장하는 상선약수上善若水가 있다.

---

12 중국 춘추시대의 사상가(?~?). 성은 이(李), 이름은 이(耳), 자는 담(聃)·백양(伯陽). 도가(道家)의 창시자로서 인의와 도덕에 구애되지 않고 도(道)를 논하고, 무위자연을 존중히였다.

上善若水 水善利萬物而不爭
상 선 약 수 수 선 리 만 물 이 부 쟁

處衆人之所惡 故 幾於道
처 중 인 지 소 오 고 기 어 도

居善地 心善淵 與善仁 言善信 正善治
거 선 지 심 선 연 어 선 인 언 선 신 정 선 치

事善能 動善時
사 선 능 동 선 시
夫唯不爭 故 無尤
부 유 부 쟁 고 무 우

최상의 선은 물과 같다. 물은 만물을 이롭게 하면서도 다투지 않
고 모두가 싫어하는 바에 거처하니, 그렇기 때문에 도와 가깝다.
거처하는 것은 선하게 땅을 향하고,
마음은 선하게 연못과 같고,
함께하는 것은 선하게 어질고,
말하는 것은 선하게 믿게 하고,
올바름은 선하게 다스리게 하고,
일에는 선하게 능력이 있고,
움직임은 선하게 때에 맞으며,
무릇 오로지 다투지 않으니,
그렇기 때문에 허물이 없다.

"최상의 선은 물과 같다. 물은 만물을 이롭게 하면서도 다투지
않고 모두가 싫어하는 바에 거처하니, 그렇기 때문에 도와 가깝
다."는 다음과 같은 내용이다.

최상의 선이란 바로 천도에 가장 근접한 움직임을 보이는 것
이다. 물은 앞에서 말한 대로 만물이 살아가는 데 필수적인 역할
을 한다. 생명은 태어나면서 죽을 때까지 물 없이 생명활동을 할
수 없다. 이와 같이 물은 만물에 도움을 주지만 위로 흐르는 법

없이 항상 아래로 흐른다.

　사람은 자신이 베푼 것에 대하여 항상 상대방이 고마워하기를 바라고 그에 대한 칭찬을 기대하는 마음이 있다. 또한 높은 지위에 오르려고 경쟁한다. 이 같은 현실에서 물은 아래로 흐르는 특성으로 하심下心을 일깨워준다는 내용이다.

　거선지居善地, 즉 "거처하는 것은 선하게 땅을 향한다."는 의미를 살펴보면 다음과 같다.

　물은 항상 아래로 흐르며 만물을 길러내는 역할을 함으로써 땅과 같은 역할을 한다. 이는 사람도 이와 같은 물의 특성을 본받아 타인을 위한 삶을 살며 겸손함을 지녀야 한다는 것을 알게 한다.

　심선연心善淵, 즉 "마음은 선하게 연못과 같다."는 의미를 살펴보면 다음과 같다.

　외부에서 바람이 불거나 동물이 물결을 일으켜도 깊은 연못의 내부는 고요함을 유지한다. 이는 사람이 사물을 접할 때 감정에 동요되지 않고 올바른 마음을 유지하는 것을 알게 해준다.

　여선인與善仁, 즉 "함께하는 것은 선하게 어질다."는 의미를 살펴보면 다음과 같다.

　물은 앞에서 말했듯이 모든 생명이 살아갈 수 있게 자신을 내준다. 동식물은 물을 흡수하고 자란다. 물은 천도가 만물을 생성하는 모습과 가장 많이 닮아 있다. 또한 네모난 그릇에 담기면 네모 모양을 유지하고, 둥근 그릇에 담기면 둥근 모양을 유지하며, 모양이 변화할 때도 마찰이나 갈등이 전혀 없다. 이는 사람도 상대방의 입장에서 행동하여 중화中和를 이루어야 함을 깨닫게 해준다.

언선신言善信, 즉 "말하는 것은 선하게 믿게 한다."는 의미를 살펴보면 다음과 같다.

시냇물은 가냘픈 소리를 내고, 큰 폭포는 우렁찬 소리를 내며, 바다는 파도 소리를 낸다. 이렇게 자신의 모습에 맞게 소리를 내는 것이 물이다. 이는 사람도 자신의 본모습을 속이지 않고 언행일치言行一致가 되어야 함을 일깨워준다.

정선치正善治, 즉 "올바름은 선하게 다스리게 한다."는 의미를 살펴보면 다음과 같다.

물이 있으면 부드럽게 몸에 있는 때를 벗길 수 있다. 물을 묻히지 않고 때를 벗길 경우 살갗이 벗겨지거나 부어오르는 등의 부작용이 생긴다. 또한 물은 그 때를 실어 나른다. 사람도 남을 다스릴 때 힘든 것은 자신이 하고 남을 깨끗이 해주어야 비로소 잘 다스릴 수 있는 것이다.

사선능事善能, 즉 "일에는 선하게 능력이 있다."는 의미를 살펴보면 다음과 같다.

물은 얼음으로도 수증기로도 변하고, 또 물 그 자체로 존재하며 그때마다 자신의 역할을 한다. 사람도 획일적으로 행동하지 말고 상황에 맞게 능력을 발휘할 수 있게 준비해야만 한다. 또한 연약한 물이 단단한 바위에 구멍을 낼 수 있다는 점에서 유함이 강함을 이기는 지혜도 깨달을 수 있다.

동선시動善時, 즉 "움직임은 선하게 때에 맞는다."는 의미를 살펴보면 다음과 같다.

물은 급한 비탈에서는 빠르게 흐르고, 낮은 경사에서는 천천히 흐르며, 오르막에서는 전체적인 수준을 높이는 모양으로 채우며 오르막을 오른다. 사람도 이와 같이 때에 맞게 적절히 행동해야 함을 알게 해준다.

이와 같이 물은 다양한 특성을 지니지만 경쟁하지 않고 섞여서 함께 흐른다. 그렇기 때문에 물은 최상의 선이 되며, 노자는 물이라는 물질을 격물치지하여《도덕경》에 남겨놓은 것이다.

노자처럼 맹자孟子도 사람이 물을 보고 배워야 할 점에 대하여 말했다. 도가나 유가나 수신의 구체적 방법의 차이가 있을 뿐 원리는 다르지 않다.《맹자》이루하離婁下편 제18장에는 다음과 같은 내용이 있다.

徐子曰 仲尼亟稱於水曰 水哉水哉 何取於水也
서 자 왈 중 니 기 칭 어 수 왈 수 재 수 재 하 취 어 수 야
孟子曰 原泉混混 不舍晝夜 盈科而後進 放乎四海 有本者如是
맹 자 왈 원 천 혼 혼 불 사 주 야 영 과 이 후 진 방 호 사 해 유 본 자 여 시
是之取爾
시 지 취 이
苟爲無本 七八月之間 雨集 溝澮皆盈 其涸也 可立而待也 故
구 위 무 본 칠 팔 월 지 간 우 집 구 회 개 영 기 학 야 가 립 이 대 야 고
聲聞過情 君子恥之
성 문 과 정 군 자 치 지

서자徐子가 말하였다. "중니13)께서 자주 물을 칭찬하시며 '물이여, 물이여' 하고 말씀하셨는데 어찌하여 물에 취하셨습니까?" 맹자가 말씀하시기를 "원천이 용솟음쳐 나와 밤낮을 머무르지 않고 구덩이를 채운 이후에 흘러 나가 사해에 이르니, 근본이 있는 사람이 이와 같다. 이것을 취한 것이다. 진실로 근본이 없다면 칠팔월 사이에 빗물이 모여 도랑마다 모두 가득 차지만, 그 (도랑이) 마르는 것은 서서 기다릴 수 있다. 그러므로 명성이 실정實情보다 지나친 것을 군자는 부끄러워하는 것이다."라 하였다.

"원천이 용솟음쳐 나와 밤낮을 머무르지 않고 구덩이를 채운 이후에 흘러 나가 사해에 이른다."는 의미를 살펴보면 다음과 같다.

원천은 바로 근원이며 원동력을 말한다. 그렇기 때문에 쉼 없이 흐른다. 구덩이는 자신의 모자란 부분이나 역경 같은 것을 뜻한다. 사해는 목적지로서 이것을 《대학》의 경經에 나온 용어와 연관시켜보면 다음과 같다.

원천이란 사람에게 내재해 있는 명덕을 말하며, 용솟음치는 것은 명덕을 밝히는 명명덕을 말한다. 밤낮을 머무르지 않는다는 것은 잠시라도 선에서 이탈하지 않는 마음가짐과 행동을 뜻한다. 구덩이는 사물을 접할 때 자신의 감정을 다스리고 혹시라도 흔들림이 있으면 마음을 다잡는 과정을 뜻한다. 이것은 수신과 친민의 과정이

13 공자의 자(字)이다.

라 말할 수 있다. 또한 사해에 이른다는 것은 지어지선과 같은 의미이다.

"근본이 없다면 칠팔월 사이에 빗물이 모여 도랑마다 모두 가득 차지만, 그 (도랑이) 마르는 것은 서서 기다릴 수 있다. 그러므로 명성이 실정보다 지나친 것"은 다음과 같은 의미이다.

원천이 없는 물은 바로 명덕을 밝히지 않고 사람들을 다스리려고 하는 사람을 말한다. 교언영색하기 때문에 처음에는 물이 가득 차 있는 것처럼 사람들을 현혹시킬 수 있다. 그러나 원천이 없는 도랑은 장마가 지나고 비가 오지 않으면 마르듯이 헛된 명성은 지속할 수 없기 때문에 결국 자신의 지위를 상실하게 된다.

그렇기 때문에 군자는 자신의 명덕이 밝아진 만큼 행동으로 드러내는 것이지 자신의 능력보다 과하게 드러내는 것은 진정한 친민이 아니다. 맹자는 이러한 도리를 물을 통하여 격물치지하여 왕도정치王道政治에 대한 사유를 체계화시켰다.

앞의 예문에서 서자는 공자가 물에 대하여 자주 언급했다고 하였는데, 그 언급 가운데 하나로 《논어》 자한子罕편 제16장에는 다음과 같은 내용이 있다.

子在川上曰 逝者如斯夫 不舍晝夜
자 재 천 상 왈 서 자 여 사 부 불 사 주 야

공자가 시냇가에서 말씀하시기를 "가는 것이 이와 같구나. 밤낮을 머무르지 않는구나."라 하였다.

물의 흐름을 천문天文의 운행과 비교하였다. 해가 가면 달이 오고 추위가 가면 더위가 오는 자연현상은 그치지 않고 흐르는 물과 다름없다. 이것을 본받아 스스로 명덕을 밝히는 일에 힘써야 한다는 것을 말하고 있는 것이다.

이 밖에도 물에 대한 교훈이나 사자성어는 소개할 수 없을 만큼 다양하다. 물은 대자연의 움직임에 가장 근접한 특성을 지니며, 대자연의 운행 결과인 생명의 생성生成에 가장 영향을 많이 미친 물질 가운데 하나이므로 천도의 모습을 가장 닮은 특성을 지니는 것이다.

물과 아울러 격물치지에 자주 사용되는 것이 식물이다. 물유본말物有本末에서 원천이나 근본을 나무의 뿌리에 비유하고, 그 결과를 싹이나 꽃, 열매로 비유하는 일이 많다. 《논어》자한子罕편 제27장에는 계절의 변화에 따른 소나무와 측백나무의 모습을 격물치지한 내용이 나온다.

子曰 歲寒然後 知松柏之後彫(凋)也
자 왈 세 한 연 후 지 송 백 지 후 조 조 야

공자가 말씀하시기를 "날씨가 추워진 후에야 소나무와 측백나무가 뒤늦게 시듦을 알 수 있다."고 하였다.

태평성대에는 명덕을 밝힌 군자와 일반인을 구별하기 힘들다. 왜냐하면 살기 좋은 세상에서는 불만이나 욕심을 잘 드러내지 않기 때문이다. 그러나 질서가 어지러워지고 전쟁 또는 사변이 일어나거나 이해관계가 얽혀 갈등이 생길 때 명덕이 밝아진 사람들은 절의節義를 지키는 모습을 보인다.

또한 선비정신을 나타내는 사군자四君子가 있다. 사군자는 네 가지 식물의 특성을 격물치지하여 수기안인을 목표로 하는 선비의 지조와 고결함을 상징하고, 또한 그 상징대로 수양을 해나가기 위한 본보기로 삼았다.

매화는 추위가 가시기도 전 꽃망울을 맺고 있다가 이른 봄에 꽃을 피운다. 그 모습은 꽃향기가 사라진 추운 겨울을 이겨내고 다른 꽃보다 먼저 향기를 내는 것으로 보인다. 이로써 난세나 혼란 속에서도 굳건하게 지조를 지키며 선두에 서서 어려운 시기를 극복하고 새로운 세상을 만드는 수기안인의 모습을 상징하고 있다.

난은 그늘진 산중에서 정갈하고 힘찬 잎과 화려하지는 않지만 고운 자태의 꽃을 피워 은은한 향기를 낸다. 이러한 모습은 수신에 의하여 명덕을 밝히고자 하는 선비의 외유내강外柔內剛과 교만하지 않은 모습을 본보기로 삼고 있다.

국화는 모든 꽃이 피었다가 진 늦가을에 서리 맞으며 피어 있다. 이러한 모습은 어려움이 닥치더라도 도를 향하여 이탈하지 않는 선을 실천하려 하는 군자의 모습을 깨닫게 한다.

대나무는 곧은 자태로 부러지지 않는 강직함이 있다. 속이 비어 있는 것과 한겨울에도 푸름을 잊지 않는 모습에서 욕심을 버리고 하늘로부터 부여받은 성을 유지해야 한다는 것을 깨닫게 해준다.

이러한 사군자는 춘하추동 사계절의 때에 맞춰 천도와 연관지으려는 의미도 담고 있다. 이와 함께 윤선도의 '오우가五友歌'에 등장하는 물, 바위, 소나무, 대나무, 달 등도 명덕을 밝히려는 선비들에 의해서 격물치지의 대상이 되었다.

한편, 동물의 모습을 격물치지의 대상으로 삼는 경우도 있다. 반포지효反哺之孝라는 사자성어를 보면 까마귀의 습성을 효孝 실천에 대한 가르침의 본보기로 삼고 있다.

《본초강목本草綱目》에는 다음과 같은 내용이 실려 있다.

까마귀는 알에서 부화하여 60일 동안은 어미가 먹이를 물어다 새끼를 키운다. 그 이후에는 다 자란 새끼가 먹이 사냥을 하여 어미에게 먹이를 물어다준다. 이러한 까마귀의 모습을 격물하여 백행百行의 근본인 효를 치지한 것이다.

또한 자연을 이용한 인간의 모습에서도 격물치지를 할 수 있다. 청출어람靑出於藍이라는 사자성어는 학문의 생명력을 잇는 것을 쪽풀과 염색작업을 통하여 격물치지한 것이다. 《순자荀子》의 권학勸學편에는 다음 내용이 실려 있다.

學不可以已
학 불 가 이 이
青取之於藍而青於藍
청 취 지 어 람 이 청 어 람

氷水爲之而寒於水
빙 수 위 지 이 한 어 수

학문은 멈출 수 없는 것이다.

푸른색은 쪽풀에서 취하였지만 쪽풀색보다 푸르다.

얼음은 물이 그것을 만들었지만 물보다 차다.

쪽풀은 녹색이다. 이것으로 즙을 내어 일정 시간 숙성시키면 청색으로 바뀌면서 옷감을 푸른색으로 염색할 수 있다. 또한 얼음은 물이 얼어서 고체화하지만 물보다 온도가 차갑다. 이와 같이 원래 스승에게 배웠지만 스승보다 나은 제자가 나오게 된다.

학문은 끊임없이 노력해야 하는 것이고, 스승보다 나은 제자가 육성됨으로써 그 학문의 생명력이 이어지게 된다는 것을 염색작업과 물이 어는 모습을 격물하여 치지한 것이다. 이것이 짤막하게 청출어람青出於藍이라는 사자성어로 쓰이게 되었다.

주자朱子는 배가 상류로 거슬러 올라가는 모습을 격물하여 학문에 정진해야 하는 것을 치지한 내용을 다음과 같이 남겼다.

學問 如逆水行舟 不進則退
학 문 여 역 수 행 주 부 진 즉 퇴

欲速則不達 見小利則大事不成
욕 속 즉 부 달 견 소 리 즉 대 사 불 성

학문은 물을 거슬러 가는 배와 같다. 나아가지 않으면 퇴보한다.

빨리 하려 하면 이루지 못하고, 작은 이익을 보려고 하면 큰일을
이루지 못한다.

강을 거슬러 올라가는 배의 노를 젓지 않거나 그 엔진이 멈춘
다면 강물의 흐름에 의하여 배가 하류로 밀려가는 것은 당연한
일이다. 이는 성리학性理學을 집대성한 주자가 지어지선에 이르기
위하여 명명덕과 친민의 끊임없는 절차탁마의 수행을 말한 것
이다.

선현들은 자연의 움직임과 자연에 존재하며 생명을 이어가는
사물을 격물치지함으로써 많은 교훈을 남겼다. 이러한 격물치지
의 공부 방법은 유가의 전유물이 아니었다. 노자老子와 장자莊子로
대변되는 도가에서도 그러했고, 유학자이지만 한비자韓非子의 스
승으로서 법가法家의 기원이 된 순자荀子도 이러한 격물치지로 수
양을 하였다.

자연은 인간이 의도적으로 접근하려 하지 않아도 일상생활에
서 끊임없이 마주치게 된다. 도시에 산다고 해서 자연과 마주치
기가 어려운 것은 아니다. 하늘을 쳐다봐도 자연이고, 땅을 내려
다봐도 자연이다. 날씨가 추워지면 입에서 입김이 나오는 것도
자연을 접하는 것이다. 또한 봄에 앙상한 가로수 가지를 마주할
때, 비가 내린 다음 날 아침 파릇한 새싹이 갑자기 눈에 들어오
는 것도 자연의 모습을 보는 것이다.

자연은 가장 순수한 천도를 품고 있다. 그렇기 때문에 자연의

품속은 인간에게 아늑함과 편안함을 준다. 자연은 인간과 같은 감정이 없기 때문에 급격한 감정의 변화를 보이는 인간을 접하는 것과는 다르다. 따라서 가장 좋은 격물치지의 방법이 바로 자연을 벗 삼는 것이다. 그러나 복잡하고 다양해진 현대생활에서 자연만으로 격물치지한다면 획일적인 공부 방법이 될 수 있다. 정보가 넘쳐나는 사회에서는 격물치지하는 방법도 그만큼 다양해졌다고 볼 수 있다. 즉, 독서를 하거나 컴퓨터 또는 스마트폰을 이용하여 정보를 접하는 것이다.

독서를 하고
통신매체를 활용하라

독서는 간접경험을 통한 가장 좋은 격물치지의 방법이다. 그렇기 때문에 남아수독오거서^{男兒須讀五車書}, 즉 "남자는 모름지기 다섯 수레의 책을 읽어야만 한다."는 말도 있고, 송나라 태종은 개권유익^{開卷有益}이라고 하여 "책을 펼치면 이로움이 있다."고 하였다.

그런데《논어》학이^{學而}편 제6장에는 다음과 같은 내용이 있다.

子曰 弟子入則孝 出則弟 謹而信 汎愛衆 而親仁 行有餘力 則以學文
자 왈 제 자 입 즉 효 출 즉 제 근 이 신 범 애 중 이 친 인 행 유 여 력 즉 이 학 문

공자가 말씀하시기를 "제자가 (집에) 들어가면 효도를 하고, (집을) 나와서는 공손하며, (행실을) 삼가고 (말을) 신뢰 있게 하되, 널리 사람들을 사랑하고 인^仁한 사람을 친근하게 해야 하는 것들

을 행하고 여력이 있으면 문文을 배워야 한다."고 하였다.

여기에서 문文은 시서詩書[14]와 육예六藝[15]를 말한다. 이러한 문을 효제孝弟와 인仁 등을 실천한 이후에 배우라는 것은 중요하지 않기 때문이 아니라 머리로 이해한 지식보다 몸으로 실천하는 행위가 더 중요하기 때문이다. 즉, 글로 배우는 것보다 명덕이 밝아진 사람의 모범적 행동이 본보기가 되어 그 사람을 격물치지하는 것이 바람직한 공부이기 때문이다.

어쨌든 공자는 실천보다 나중에 배워야 한다는 문 가운데《시경》을 중요하게 생각하였다.《논어》계씨季氏편 제13장에 다음 내용이 나온다.

陳亢 問於伯魚曰 子亦有異聞乎 對曰 未也 嘗獨立 鯉趨而過庭 曰
진 강 문 어 백 어 왈 자 역 유 이 문 호 대 왈 미 야 상 독 립 리 추 이 과 정 왈

學詩乎 對曰 未也 不學詩 無以言 鯉退而學詩 他日 又獨立
학 시 호 대 왈 미 야 불 학 시 무 이 언 리 퇴 이 학 시 다 일 우 독 립

鯉趨而過庭 曰 學禮乎 對曰 未也 不學禮 無
리 추 이 과 정 왈 학 예 호 대 왈 미 야 불 학 예 무

以立 鯉退而學禮
이 립 리 퇴 이 하 예

聞斯二者 陳亢 退而喜曰 問一得三 聞詩聞禮
문 사 이 자 진 강 퇴 이 희 왈 문 일 득 삼 문 시 문 예

又聞君子之遠其子也
우 문 군 자 지 원 기 자 아

14《시경(詩經)》과《서경(書經)》을 주석한 책.
15 예(禮)·악(樂)·사(射)·어(御)·서(書)·수(數) 등 6종류의 기술이다. 예는 예용(禮容), 악은 음악(音樂), 사는 궁술(弓術), 어는 마술(馬術), 서는 서도(書道), 수는 수학(數學)이다.
16 성은 진(陳), 이름은 강(亢), 자는 자금(子禽)이다. 위나라 사람으로 공자의 제자라고도 하고, 자공의 제자라고도 한다.

진강陳亢[16]이 공자의 아들 백어伯魚에게

"그대는 선생님께서 남들과 다르게 특이하게 말씀해주신 것을 들은 적이 있는가?" 하고 물었다. 백어가 그 말에 다음과 같이 대답하였다.

"그런 적이 없었다. 언젠가 아버님께서 홀로 서 계실 때 내가 종종걸음으로 뜰을 지나가는데, 아버님께서 '시를 배웠느냐?'고 물으시기에 '아직 배우지 못하였습니다.' 하고 대답하니, '시를 배우지 않으면 말을 할 수가 없다.'고 말씀하셨다. 그래서 나는 물러나와 시를 배웠다. 다른 날에 또 홀로 서 계실 때 종종걸음으로 뜰을 지나가는데, 아버님께서 '예를 배웠느냐?'고 물으시기에 '아직 배우지 못하였습니다.' 하고 대답하니, '예를 배우지 않으면 설 수가 없다.'고 하셨으므로 나는 물러나와 예를 배웠다. 나는 이 두 가지를 들었다."

진강이 백어와 이야기를 마치고 나와 기뻐하면서 "나는 하나를 물어보아 세 가지를 얻었다. 시를 듣고 예를 들었으며, 또한 군자가 그 아들을 다른 제자들보다 가까이하지 않고 멀리하는 것을 들었다."고 하였다.

공자는 《시경》을 중요하게 생각하고 그것을 통하여 공부를 권장하는 이유를 《논어》 양화편 제9장에 다음과 같이 말하였다.

子曰 小子 何莫學夫詩 詩 可以興 可以觀 可以群 可以怨
자왈 소자 하막학부시 시 가이흥 가이관 가이군 가이원

邇之事父 遠之事君 多識於鳥獸草木之名
이 지 사 부 원 지 사 군 다 식 어 조 수 초 목 지 명

"너희들은 왜 시詩를 배우지 않느냐? 시는 의지意志를 흥기시킬
수 있으며, 정치의 득실을 관찰할 수 있으며, 무리를 이룰 수 있
으며, 원망을 할 수 있으며, 가까이는 어버이를 섬길 수 있고 멀
리는 임금을 섬길 수 있으며, 새와 짐승, 풀과 나무의 이름을 많
이 알게 한다."

《시경》은 천天과 신神, 그리고 사람에게 일어날 수 있는 다양한
것을 인간적이고 현실적으로 다루고 있다. 또한 표현 방법이 천
에 대한 공경으로 표현하기도 하고, 인간적으로 아름답고 낭만
적으로 표현하기도 하였다. 《중용》에서는 천명지위성天命之謂性,
《대학》에서는 명덕明德에 대한 비유譬喻나 보충설명을 위하여 《시
경》의 내용을 빗대어 설명하고 있다.

한편, 《시경》에 있는 남녀의 사랑에 대한 이야기 등을 명덕을
밝히는 데 이입하여 사람의 감성을 자극시키는 공부 방법도 병
행하였다. 따라서 인간관계에 대하여 폭넓게 공부를 할 수 있었
다. 또한 새, 짐승과 같은 세상의 다양한 사물에 대한 명칭도 폭
넓게 경험할 수 있었다. 따라서 시詩는 감성을 일깨우며 넓게 공
부할 수 있는 서적이 된다.

《시경》을 인용하여 공부하는 것이 간접적이고 폭넓은 격물치
지의 방법이 되었으며, 이것이 박문약례博文約禮이다. 《논어》 옹

야雍也편 제25장에서는 격물치지의 방법으로 박문약례를 말하고 있다.

子曰 君子博學於文 約之以禮 亦可以弗畔(叛)矣夫
자왈 군자박학어문 약지이례 역가이불반 반 의부

공자가 말씀하시기를 "군자가 문을 널리 배우고 예禮로써 요약한다면 또한 도道에서 위반되지 않을 것이다."라 하였다.

'널리 문을 배운다'는 것은 앞에서 말한 것처럼 《시경》과 《서경》 등의 서적을 폭넓게 공부하고 다양한 기예를 배우는 것을 말한다. '예禮로써 요약한다'는 것은 천도에 따른 인도를 행함을 말한다. 머리로 이해하는 지식은 넓을수록 좋지만 반드시 예禮에 의한 집약적 실천이 중요한 것이다.

따라서 박문약례, 즉 '넓게 공부한다'는 것은 다양하게 많은 격물格物을 한다는 뜻이고, 예로써 요약한다는 것은 치지致知에 따라 명덕을 밝히는 공부로 집약시킨다는 뜻이다. 박문약례를 현대사회의 측면에서 보자면 예禮는 자신의 전문 분야, 박문博文은 다양한 분야의 지식을 의미하는 것으로 생각할 수 있다. 예라는 것은 넓은 의미로는 풍속이나 습관으로 형성된 행위준칙, 도덕규범 등 각종 예절로써 사람이 마땅히 지켜야 할 도리를 말하지만, 예의 형식과 절차로서 예식禮式과 예법禮法과 같은 의미로도 볼 수 있기 때문이다. 따라서 수학이나 과학에서는 공식公式이나 해법解法 등의 의미도 가지고 있다.

이와 같이 자신이 중심으로 다뤄야 할 부분을 공식처럼 체계화하고 그 체계에 다양한 분야를 연결해주는 것이 박문약례이다. 물리학을 전공한 사람은 물리학을 약례로 하여 수학, 화학, 천문학, 지리학 등을 물리학 체계에 접목할 수 있어야 한다. 철학을 하는 사람은 기본적으로 시대적인 역사와 문학을 알아야 하며, 당시의 예술 분야까지 알아야 자신의 전공이 깊이 있게 된다. 상식이 풍부한 사람은 대화를 부드럽게 이어나갈 수 있다.

이와 마찬가지로 자신의 전문 분야를 중심으로 주변 분야를 폭넓게 공부하고 모든 결과를 자신의 전문 분야에 집중하여 역량을 키워 나간다면 그 전문 분야의 깊이가 자연스럽게 심오해지면서 회의와 협상을 부드럽게 이끌어 나갈 수 있을 것이다.

《대학》을 이해하기 위해서도 다양한 유가의 고전을 격물하여야 한다. 유가의 기본 경전을 말할 때 사서삼경四書三經이라고 하는데, 사서삼경은 직간접으로 서로 연결되어 유학의 가르침을 전하고 있다. 사서에는 《논어》·《맹자》·《대학》·《중용》이 있고, 삼경에는 《시경詩經》·《서경書經》, 그리고 흔히 《주역周易》이라고 말하는 《역경》이 있다. 이러한 사서삼경을 개략적으로 이해하고 상호관계를 알면 차후에 책을 접할 때 도움이 된다.

《논어》는 공자의 가르침을 전하는 내용으로 공자와 제자들의 문답 형태로 이루어져 있다. 공자의 발언과 행적 등을 토대로 인생에 교훈이 되는 말이 실려 있는데, 인仁을 주제로 한 간결하면서도 함축성이 있는 내용이다. 다만 내용상 일관된 체계로 구성되어 있지는 않다.

《맹자》는 처음부터 끝까지 일관되게 공자의 인仁을 의義로 확장시켜서 왕도정치王道政治를 주제로 한 내용을 다루고 있다. 또한 인의예지의 실마리가 되는 사단四端을 바탕으로 사람의 본성이 선하다는 성선설性善說과 민의民意에 의하여 폭군을 내쫓는 혁명론革命論을 포함하고 있다. 그렇기 때문에 왕권통치 하에서는 한동안 금서禁書 조치를 당하였다.

《대학》은 명명덕·친민·지어지선이라는 삼강령三綱領과 삼강령에 대한 세부 실천항목인 격물·치지·성의·정심·수신·제가·치국·평천하의 팔조목八條目으로 정리되어 있다. 명덕을 밝히기 위하여 사물에서 천도를 이해하고 도덕의 원리를 깨닫는 격물치지를 시작으로 수신을 우선적으로 실천하고, 그것을 토대로 가정과 사회와 나라의 질서를 이루면 궁극적으로 온 세상을 평화롭게 만들 수 있다는 내용이다. 전체적으로 유가의 수기치인修己治人 체계를 제시하고 있다.

《중용》은 어느 한쪽으로 치우치지 않는 중도를 항상 실천하는 중용의 가르침을 말하고 있다. 인간의 성性이 천부적인 것이기 때문에 그 성을 좇아 감정을 절제함으로써 중화中和에 이르는 것을 기본 맥락으로 한다. 천도는 성誠으로서 일관되고 순수함의 극치이기 때문에 무위無爲로 세상을 이루고, 사람은 성인聖人이 행하는 성誠을 따라 선善을 굳게 지켜 실천하는 성지誠之를 하여 본성을 회복한다는 내용이다.

《서경》은 58편으로 《상서尙書》라고도 한다. 《우서虞書》·《하서夏書》·《상서商書》·《주서周書》 등 요순시대부터 주나라까지의 중국 고대역사를 기록한 내용이다.

《역경》은 음양에 따른 만물의 변화와 건곤의 변화에 따른 만물의 생성을 통하여 천도와 인도의 실마리를 자연현상과 자연법칙에 의하여 설명한다. 64괘의 시공간 차원의 변화와 중도中道를 중점적으로 다루고 있다.

《시경》은 주나라 초기부터 춘추시대 초까지의 시詩 305편을 수록하고 있다. 〈풍風〉·〈아雅〉·〈송頌〉으로 분류되고, 〈아〉는 다시 〈대아大雅〉와 〈소아小雅〉로 나뉜다. 〈풍〉은 주로 남녀 간의 정과 이별을 다루고, 〈아〉는 공식연회 의식에 쓰이는 의식가儀式歌이며, 〈송頌〉은 종묘宗廟 제사에 쓰는 악시樂詩이다.

공자는 《시경》 공부가 감정을 흥기시켜서 배움에 도움이 된다고 하여 중요하게 여겼다. 《논어》·《중용》·《대학》 등은 《시경》에 나온 자연적 현상과 일상적 내용을 비유로 들어 가르침을 현실감 있게 전하고 있다.

유가의 고전뿐만 아니라 도가와 법가의 고전도 병행하여 읽는다면 유가를 약례約禮로 하여 훌륭한 박문博文이 될 수 있다. 또한 현대에 출간된 다양한 서적과 서양철학 서적도 동양의 철학과 사상을 이해하는 데 도움이 된다.

고전을 읽음으로써 옛 현인과 벗하는 것을 사자성어로 독서상

우^{讀書尚友}라 하는데, 이는 《맹자》 만장하^{萬章下}편 제8장에 나오는
말이다.

以友天下之善士 爲未足 又尙論古之人 頌其詩 讀其書 不知其人
이 우 천 하 지 선 사 위 미 족 우 상 론 고 지 인 송 기 시 독 기 서 부 지 기 인
可乎 是以 論其世也 是尙友也
가 호 시 이 논 기 세 야 시 상 우 야

천하의 선사^{善士}와 벗하는 것을 만족하지 못하게 되어 다시 위로
올라 옛사람을 논하니, 그 시를 외우고 그 글을 읽지만 그 사람
을 알지 못할 수 있는가? 이 때문에 그 당시를 논하는 것이니, 이
는 위로 올라가 벗하는 것이다.

고전을 읽을 때는 그 고전이 저술된 당시의 상황에 이입돼 읽
어야만 내용을 확실히 이해하고 현재에 적용하는 실천의 밑거
름이 될 수 있다. 그것이 옛 현인과 벗하는 의미이다. 근본적인
격물치지인 천문과 지리를 관찰한 이후 인의예지라는 성을 이
해한 것도 같은 맥락에서 해야 한다. 내가 하늘이 되고, 사시^{四時}
를 움직이며, 사방^{四方}의 중심이 되는 감정이입이 되어야만 감정
이 격해졌을 때 인의예지로 중절^{中節}을 하여 명덕을 밝힐 수 있
는 것이다. 이것이 도가에서 말하는 "인간이 소우주다."이며, 불
가에서 말하는 "내가 부처다."와 같은 의미이다.

한편, 유가의 철학이 인문과학 분야에만 적용되는 것은 아니

다. 특히 《중용》과 《주역》은 사회과학과 자연과학에까지 도움을 줄 수 있는 격물 방법이 된다. 《주역》에서 설명하는 음양陰陽과 그 음양에 따른 관계론적 상대성은 현대물리학의 상대성 이론과 불확정성 원리를 이해하는 데 도움을 주며, 심도 있는 관점을 증진시킨다.

주자는 책을 읽을 때 중요한 방법으로 독서삼도讀書三到를 말하였다. 첫째, 구도口到로 마음을 기울이고, 둘째, 안도眼到로 눈을 기울이고, 셋째, 심도心到로 마음을 기울이는 것이다. 이는 독서삼매讀書三昧라고도 하여 감각적 자극에서 벗어나 책에 집중하는 것이다. 이와 같이 책을 읽는 법 역시 격물치지의 한 방법이 된다.

우각괘서牛角掛書라는 사자성어가 있다. '소의 뿔에 책을 걸어놓는다'는 뜻인데, 그 상황을 보면 '소를 타고 책을 읽는다'는 말이다. 이것은 시간을 아껴 오로지 학업에 힘쓴다는 뜻이다.

현대사회에서의 우각괘서는 등하굣길이나 출퇴근길에 버스, 지하철에서 책을 읽는 것이다. 요즘은 종이책의 판매량이 줄어들고 PC나 태블릿PC, 스마트폰으로 볼 수 있는 이북e-Book이 활용되고 있다. 대중교통을 이용하지 않고 직접 운전해 출퇴근하는 사람들은 오디오 학습교재를 활용하거나 방송이라는 매체를 통하여 세상일을 접할 수 있다.

이와 같이 시대는 변화하고 있다. 중도에 따라 변화에 적응하는 것이 중용이며, 시대에 맞게 행동하는 것이 시중時中이다. 문을 닫아걸고 밖에 나가지 않은 채 집에 틀어박혀 책만 읽는 폐호 선생^{刖戸先生}은 과거에도 바람직하지 않았으며, 현재에는 더욱 문제가 있는 유형이다.

지금은 인터넷, 특히 SNS를 활용한 대화와 토론의 장이 열려 있어 다양한 사람을 격물할 수 있다. 또한 포털사이트를 통하여 많은 학술자료를 찾아보고 다른 분야의 전문지식도 쉽게 접할 수 있게 되었다. 실시간으로 세계 뉴스가 전해짐에 따라 전 세계의 움직임도 격물하게 된다. 이것은 과거의 남아수독오거서와는 비교할 수 없을 정도의 정보량이다. 따라서 인터넷을 활용한 정보수집은 간접 격물치지의 극치이다.

 대학 전문 5

이것이 '지지지^{知之至}'를 말하는 것이다.

此謂知之至也
차 위 지 지 지 야

독서와 방송매체, 인터넷 등을 이용한 격물치지 외에도 다양한 격물치지의 방법이 있다. 즉, 여행을 하고 영화를 보며, 미술관에서 회화와 조각상 같은 것을 보고, 박물관 견학을 가서 역사적 유물을 보고, 연주회에 참석하는 등의 일이 모두 이에 해당한다. 또한 신문과 함께 오는 광고지, 길가의 광고판, 버스나 지하철 안에서 이루어지는 사람들의 대화도 격물치지의 대상이 된다. 이렇게 격물치지의 대상은 지나칠 정도로 많다.

인터넷을 통한 격물치지를 할 때 어떤 사안에 대하여 상반된 주장과 전혀 다른 성질의 가설이 존재한다. 또한 학술적으로 검증된 정보도 있지만 검증받지 못했거나 왜곡된 정보가 학술적인 내용으로 둔갑해 존재하기도 한다. 또한 개인의 사생활이 지나치게 노출되며, 말초신경을 자극하는 음란물도 수시로 접하게 된다.

이와 같이 과다한 격물의 대상 가운데서 옥석^{玉石}을 가리는 일이 현대의 격물치지에서는 중요하다. 옥석을 가리는 기준은 변치 않는 진리로서 가장 근본적인 격물치지로 깨닫게 된 성^性과 명덕^{明德}, 그리고 선^善이 되어야 한다. 이것이 지^知가 지극^{至極}한 지지지^{知之至}가 되는 것이다.

격물치지를 이루게 되면 본격적인 성의^{誠意}·정심^{正心}을 통한 수신의 단계로 들어가야 한다. 수신의 단계로 진입하지 않고 그저 머리로만 이해하는 지식은 헛된 지식일 뿐이다. 요즘 복근 만들기를 비롯한 몸매 가꾸기가 사회생활에서 중요한 일 가운데 하나가 되었다. 그런데 근육 만드는 법을 이해하고 바벨을 쳐다본다고 해서 근육이 만들어지는 것은 아니다. 자신이 머리로 이해한 운동법을 바벨 등의 운동기구로 적용하여 몸을 직접 움직여야만 근육이 몸에서 만들어진다.

이와 마찬가지로 격물치지에 의하여 머리로 이해된 것을 수신으로 이어감으로써 자신의 마음속에 있는 명덕을 점점 더 환히 밝히고, 주변 사람에게 본보기가 되어 친민의 과정으로 넘어가야 한다.

제3부

가슴에
포만감을 가져야 한다

지구는 23.5도
기울어져 있다

천도天道의 원元·형亨·이利·정貞이라는 사덕四德이 운행하여 이루어낸 결과는 사시四時를 만들어내고, 사방四方과 사물事物을 만들어냈으며, 그것이 소멸되지 않고 항상 유지될 수 있도록 천도에 부합하는 질서가 모든 사물에서 유지되어야 한다. '만든다'는 것은 만들어진 대상의 입장에서 보면 생명의 '탄생'을 의미하며, 소멸되지 않고 '유지된다'는 것은 탄생한 생명의 '보전'을 의미한다. 이러한 두 의미를 한마디로 생生이라 한다.

《주역》에서는 "천지天地의 대덕大德을 생生이라 이른다."[17]고 하였으며, "생하고 생하는 것을 역易이라 한다."[18]고 하였다. '크다'는 의미의 대大는 앞에서 설명한 대로 천天이 할 수 있는 영역을 의미한다. 따라서 '천지의 대덕'이란 천도에 의하여 만들어진 우주질서의 결

17 《周易》〈繫辭下傳〉
제1장 天地之大德曰生
천 지 지 대 덕 왈 생
18 《周易》〈繫辭下傳〉
제5장 生生之謂易
생 생 지 위 역

과를 말한다.

그러한 우주질서의 결과는 자연이 자연다운 것이다. 사계절이 사계절답고, 하루가 하루다운 것, 그리고 동물이 동물답고 식물이 식물다우며, 사람이 사람답고 생명이 생명답게 그 생명을 영위하고 이어갈 수 있게 보전되는 것이 '천지의 대덕'인 것이다.

따라서 천도에 의한 우주질서에 따라 생이 이루어지며, 그것은 음양陰陽의 변화에 따라 사시四時의 형태로 변화한다. 결론적으로 천도에 의하여 우주와 자연의 질서가 이루어지고, 자연에 존재하는 모든 생명체는 생명이 있게 되며, 무생물은 생명력을 갖게 되고, 그러한 생명은 사물의 질서에 의하여 보전된다는 의미이다. 그렇기 때문에 인간이 천도와 같은 길을 따라가게 되면 인간 세상에 질서가 이루어지게 된다는 것이《중용》의 기본 맥락이며, 그 천도와 같은 길을 따라가기 위하여 인간에게 부여된 명덕을 밝히는 체계적 방법이《대학》의 기본 맥락이다.

앞에서 나온 내용을 살펴보면 천은 만물의 주재자로서 중中을 유지하고 천도를 따라 원형이정이라는 사덕을 운행한다. 원형이정의 움직임에 따라 우주 또한 은하의 중심이 중을 유지하고 사시四時와 같은 주기로 회전한다. 태양계는 태양을 중심으로 중이 유지되고 지구를 비롯한 행성들이 태양 주위를 돌고 있다. 이로 인하여 지구에는 사계절이라는 원형이정을 닮은 사시四時가 발생한다.

그런데 태양이 태양계 행성들에 대하여 중을 유지하고 그 행성들이 공전을 한다고 해서 사계절이 발생하는 것은 아니다. 지구의 자전축이 23.5도 기울어져 있어야만 지구에 사계절이라는 사시가 현재와 같이 존재하는 것이다.

어떤 종교단체에서는 지축이 바로 서는 시기가 도래하면 사차원의 세계로 문명이 진화를 하고 후천개벽이 일어나 질병과 고통이 없는 완전한 세계가 도래한다고 주장한다. 그러나 만일 이 종교단체의 주장대로 지구의 자전축이 기울지 않고 바로 선다면, 지구의 적도 부근은 한여름의 강렬한 태양빛으로 달궈지고, 극지방은 현재 그 지방의 봄가을 정도의 기온이 일정하게 유지될 것이다.

이것으로 끝나지 않는다. 현재와 같은 사계절이 존재할 때도 여름에서 가을 사이에 적도 부근에서 열대성저기압이 발생한다. 열대성저기압은 태풍, 허리케인, 윌리윌리 등 발생하는 지역에 따라 여러 가지 명칭으로 불리지만 지구의 에어컨 작용으로 인하여 발생한다는 점에서는 동일하다. 만일 지구의 자전축이 기울지 않게 되면 지금보다 몇 배, 몇 십 배의 강한 열대성저기압이 시도 때도 없이 발생하여 자연재해를 일으킬 것이다.

또한 가장 중요한 것은 원형이정과 닮은 사계절이 존재하지 않게 된다는 점이다. 사계절의 구분이 명확하지 않기 때문에 동물과 식물의 생장주기가 달라지고, 꽃이 피는 시기와 열매 맺는 시기가 모호해짐으로써 지구는 생명활동에 가혹한 환경이 되거나 생명이 살지 못하는 행성이 될 것이다.

지구 자체의 중은 지구의 자전축이 바로 서야 마땅하다. 왜냐하면 팽이가 회전을 할 때 중심축이 기울어지게 되면 머지않아 회전력을 잃게 되어 생명력이 상실되는 것과 마찬가지이기 때문이다. 그러나 태양계의 행성으로 작용하는 지구는 태양의 빛과 에너지를 받아 생명을 키워 나가기 위하여 사계절이 필요하고, 사계절이 존재하려면 자전축이 기울어져 있어야만 한다. 지구의 기울어진 자전축은 지구 공전의 중심축인 태양의 중에 의하여 원심력과 구심력으로 보상되기 때문이다.

달도 지구를 중심으로 공전하면서 지구에서 볼 때 상현·보름·하현·그믐이라는 사시를 보인다. 만일 지구의 공전주기가 정확히 360일이고 달의 공전주기가 30일이라면 달의 움직임을 중심으로 만든 달력과 태양의 움직임을 대상으로 계산하는 24절기[19]가 별도로 있을 필요가 없기 때문에 책력冊曆의 복잡함은 사라진다. 그러나 현재와 같은 달의 사시는 존재할 수 없게 될 것이다.

책력이란 지구를 중심으로 하여 태양과 달의 1년 동안의 움직임을 기반으로 일출日出과 일몰日沒, 월출月出과 월몰月沒, 일식日蝕과 월식月蝕 등과 같은 주요 변화와 기상변동 등을 기록한 책이다. 달의 변화는 어부들에게 유용하게 쓰이고, 24절기는 농부들에게 활용되는 등 인간생활

19 태양의 황경(黃經)에 맞춰 15일 간격으로 1년을 24등분 한 것. 특히 사계절의 구분이 된다.
봄 - 1월(입춘/우수), 2월(경칩/춘분), 3월(청명/곡우)
여름 - 4월(입하/소만), 5월(망종/하지), 6월(소서/대서)
가을 - 7월(입추/처서), 8월(백로/추분), 9월(한로/상강)
겨울 - 10월(입동/소설), 11월(대설/동지), 12월(소한/대한)

의 기본 요소인 의식주를 대비하는 데 사용된다. 그런데 달의 공전주기가 지구의 공전주기의 12분의 1로 딱 맞게 나누어지지 않기 때문에 이에 대한 보상을 해야 한다. 그 내용은 다음과 같다.

---

① 달의 모양 변화에 따른 1달 — 달의 공전주기 : 29.530588일

② 태양 움직임의 24절기에 의한 1년 — 지구의 공전주기 : 365.242196일

③ 달의 한 달 주기에 따른 1년 — ① × 12달 : 354.367056일

④ 24절기 1년과 12달의 1년 차이 : ② — ③ = 10.87514일

∴ 19년 × ④ = 206.62766일, 206.62766 ÷ ① ≒ 7회

따라서 19년에 총 7번의 윤달을 삽입하여 지구의 공전주기와 달의 공전주기 차이를 보상함으로써 24절기의 태양력과 태음력 12개월을 맞추는 것을 치윤법置閏法이라고 한다.

이와 같이 지상에는 완벽한 중을 이루는 것은 존재하지 않는다. 우리가 순금을 말할 때도 100%가 아니라 99.99%라 한다. 중용은 달의 공전주기를 지구의 공전주기에 맞추어 나가는 치윤법과 같이 자신의 우주보다 더 큰 우주의 중에 맞추어 나가는 것이다. 중에 완벽히 도달하는 것은 말 그대로 이상적인 상상일 수 있다.

그렇기 때문에 중은 우주의 이치이고 용庸은 인간의 이치이다. 중화中和를 설명할 때 인의예지仁義禮知 사덕四德으로 이루어진 성性

이 있다고 하였다. 이러한 성으로만 구성된 마음에 의하여 이루어진 인간성이 명덕인 것이다. 그러나 사람은 지구가 23.5도 기울어져 있듯이 희로애락이라는 감정이 끼어들기 때문에 그 순수한 성품을 완전히 보전하기가 힘들고, 명덕은 마음속에서 감정에 가려져 그 밝음을 발산하지 못한다.

그렇게 감정에 의하여 가려진 명덕을 찾을 수 있는 실마리가 《맹자》공손추公孫丑 상편 제6장에 언급되어 있다.

孟子曰 人皆有不忍人之心 先王 有不忍人之心 斯有不忍人之政矣
맹자 왈 인 개 유 불 인 인 지 심 선 왕 유 불 인 인 지 심 사 유 불 인 인 지 정 의

以不忍人之心 行不忍人之政 治天下 可運之掌上 所以謂人皆有不
이 불 인 인 지 심 행 불 인 인 지 정 치 천 하 가 운 지 장 상 소 이 위 인 개 유 불

忍人之心者 今人 乍見孺子將入於井 皆有怵惕惻隱之心 非所以內
인 인 지 심 자 금 인 사 견 유 자 장 입 어 정 개 유 출 척 측 은 지 심 비 소 이 납

交於孺子之父母也 非所以要譽於鄕黨朋友也 非惡其聲而然也
교 어 유 자 지 부 모 야 비 소 이 요 예 어 향 당 붕 우 야 비 오 기 성 이 연 야

由是觀之 無惻隱之心 非人也 無羞惡之心 非人也 無辭讓之心
유 시 관 지 무 측 은 지 심 비 인 야 무 수 오 지 심 비 인 야 무 사 양 지 심

非人也 無是非之心 非人也 惻隱之心 仁之端也 羞惡之心
비 인 야 무 시 비 지 심 비 인 야 측 은 지 심 인 지 단 야 수 오 지 심

義之端也 辭讓之心 禮之端也 是非之心 知(智)之端也
의 지 단 야 사 양 지 심 예 지 단 야 시 비 지 심 지 지 지 단 야

맹자가 말씀하시기를 "사람은 누구나 함부로 하지 않으려고 하는 마음이 있다. 예전에 세상을 잘 다스렸던 왕들은 이러한 마음으로 정치를 하였다. 이와 같이 함부로 하지 않는 마음으로 세상을 다스린다면 세상을 손바닥 위에 놓고 움직일 수 있을 것이다. 사람들은 모두 이러한 마음을 가지고 있다. 그렇기 때문에 어린

아이가 물에 빠지면 깜짝 놀라고 불쌍해하는 마음이 있게 된다. 이 같은 마음은 그 아이의 부모와 친분을 맺기 위해서 생기는 것이 아니고, 마을 사람들과 친구들에게 명예를 구하기 위해서 생기는 것도 아니며, 자신이 악한 사람이라고 손가락질을 당하지 않으려고 생기는 것도 아니다.

이렇게 불쌍해하는 마음을 기준으로 생각해보면 '불쌍해하는 마음'이 없으면 사람이 아니고, '선하지 못한 것을 부끄러워하고, 미워하는 마음'이 없으면 사람이 아니고, '사양하는 마음'이 없으면 사람이 아니며, '옳고 그름을 따지는 마음'이 없으면 사람이 아니다.

불쌍해하는 마음은 인仁의 실마리가 되고, 자신이 선하지 못한 것을 부끄러워하고 미워하는 마음은 의義의 실마리가 되고, 사양하는 마음은 예禮의 실마리가 되고, 옳고 그름을 따지는 마음은 지知(智)의 실마리가 된다."고 하였다.

이것을 네 가지의 실마리라고 하여 사단四端이라 한다. 사단이 인간의 마음속에 존재하는 사덕四德의 실마리가 된다면, 지知는 인의예지를 천도의 중에 가장 가깝게 접근할 수 있도록 깨닫게 해주는 실마리가 된다. 이에 대한 설명은 다음과 같다.

사람의 마음속에는 순수한 성품에 의한 지知가 있는데, 이것은 완전히 드러나지 않기 때문에 사단과 같이 사물을 접하는 어느 순간 본래 천명에 의하여 부여받은 지 중에서 작은 일부분의 지가 발산하게 된다. 이것이 하나의 격물치지이다.

　이러한 작은 지가 실마리가 되어 그 지가 알고 있는 한도 내에 서의 인의예(仁義禮)를 실천하면 원래 천명에 의하여 부여받아 존 재하고 있던 명덕의 일부분이 감정에 가려진 부분 중에서 실마 리가 된 지만큼 세상에 드러나게 되고, 인의예는 원래 부여받은 인의예에 그만큼 근접하게 된다. 이러한 과정을 통하여 새롭게 깨닫게 되는 것이 있다.

　그 깨닫게 된 결과의 지는 최초의 실마리가 된 지보다 성(性)에 가까워진 지가 된다. 이와 같은 격물치지와 인의예의 실천이 순 환을 반복하면 자신이 수신하고 친민할 수 있는 인의예지가 점 점 원래의 성으로 근접하게 되고, 명덕이 가려진 부분이 점점 줄 어들게 된다. 이것이 성의 순환 과정이며 명명덕의 과정이다. 그 렇기 때문에 지가 사덕의 시작과 끝이 되며, 격물치지가 팔조목 의 시작이 된다.

　위의 내용에서 알 수 있는 것은 원래 천명에 의하여 부여받은 성은 본원의 인의예지로서 중이며, 지를 실마리로 하여 점차 본 원의 인의예지에 가까이 가는 인의예지와 절제된 희로애락은 수신(修身)과 친민(親民)을 위한 화(和)가 된다는 것이다.

　지선(至善)은 표준이 되고 삼강령과 팔조목은 그 표준에 맞추어 가는 방법이다. 표준은 흔들리거나 바뀔 수 없고, 표준의 근사치 까지 갈 수는 있지만 99.99%의 순금처럼 완벽하게 일치할 수는 없다. 따라서 지선에 도달하기 위하여 끊임없이 격물치지를 하고, 이에 따른 수신을 행하여 자신이 지닌 명덕을 점차 밝게 함으로써 최대한 세상에 드러내야 한다. 그 과정 속에서 중화中和가 이루어지고, 타인들과의 인간관계가 조화를 이루어 나가는 것이다.

사람마다 이상적 표준의 인의예지에 다가가는 정도는 다르다. 그것은 각 사람이 원래 가지고 있는 감정이 다르고 행할 수 있는 능력도 다르기 때문이다.《논어》자한子罕편 제21장에는 다음 내용이 나온다.

子曰 苗而不秀者 有矣夫 秀而不實者 有矣夫
자 왈 묘 이 불 수 자 유 의 부 수 이 부 실 자 유 의 부

공자가 말씀하시기를 "싹을 틔웠으나 꽃을 피우지 못하는 것도 있고, 꽃을 피웠으나 열매를 맺지 못하는 것도 있다."고 하였다.

이것은 공자가 곡식이나 나무열매가 모두 과실을 맺지는 못하는 자연현상을 보고 배우더라도 완성에 이르지 못할 수도 있다는 것을 깨달아 말한 내용이다. 다만 그 힘씀을 중요하게 생각하는 것이다.

《대학》의 팔조목의 세부 사항은 이상적인 인의예지를 향하여 끊임없이 노력하는 것이 중요하다. 부단한 노력은 중에 도달하는 것이 아니라 상황과 때에 따라 절도에 맞는 화和를 이루기 때문이다. 결코 중에 도달할 수는 없지만 최선을 다하여 중화中和를

이루려고 노력하는 것이고, 그러한 노력으로 상황에 따라 이상적인 인의예지에 맞추는 행위가 《중용》에서의 중절中節이다.

예를 들어 비행기가 하늘을 날 때는 양력과 중력의 작용을 받는다. 비행기가 이륙하여 공항을 출발하면 도착지로 가는 길에 기류의 영향이나 날씨의 영향을 받게 된다. 그러한 주변의 영향으로 비행기가 하강할 때는 속도를 높이거나 날개 조정으로 양력을 키워 떨어지지 않게 하고, 비행기가 상승할 때는 속도를 줄이거나 날개를 조정하여 양력을 낮춤으로써 중력의 영향을 받게 하여 하늘을 안전하게 날 수 있는 것이다.

비행기가 이상적인 고도를 계속 유지하지 않더라도 적정한 범위 안에서 고도를 유지하면 하늘을 날아 목적지에 안전하게 도착하는 것처럼 이상적인 인의예지가 실행되지 않더라도 중절, 즉 상황에 맞게 노력함으로써 목적지인 중화中和에 도달하면 되는 것이다.

이러한 노력을 할 때는 앞에 인용했듯이 사람의 그릇에 따라 싹만 틔우는 사람도 있고, 꽃까지 피우는 사람도 있으며, 마침내 결실을 이루는 사람도 있다. 이때 그 능력이나 자질을 탓하지 말고, 그 사람이 중절하려고 노력하여 이루게 된 만큼의 중화를 중요하게 생각해야 한다.

《논어》자한子罕편 제18장에 다음과 같은 내용이 있다.

子曰 譬如爲山 未成一簣(簣) 止 吾止也 譬如平地 雖覆一簣
자 왈 비 여 위 산 미 성 일 궤 궤 지 오 지 야 비 여 평 지 수 복 일 궤
進吾往也
진 오 왕 아

공자께서 말씀하시기를 "비유하여 산을 만들 때 마지막 흙 한
삼태기를 (쏟아붓지 않아 산을) 이루지 못하고 그만둔 것도 내가
그만둔 것이며, 비유하여 평지에 비록 흙 한 삼태기를 처음 쏟아
부어 (산을 만들기 위하여) 나아감도 내가 나아가는 것이다."라 하
였다.

위의 내용을 팔조목으로 대입하면 다음과 같다. 격물치지하
는 것에 그치면 그것은 단순히 머리로만 이해하는 것이다. 그러
한 공부는 도움이 되지 못한다. 스스로 힘써 작은 것을 쌓아 많
은 것을 이루고 중도에는 그만두지 말아야 한다. 중도에 그만두
는 것이란 격물치지 이후에 성의誠意·정심正心에 따른 수신을 하
지 않음을 말하는 것이다.

수신이 이루어지지 않으면 친민, 즉 제가齊家와 치국治國이 이루
어지지 않기 때문이다. 한 삼태기의 흙은 바로 수신하는 것을 말
한다.

《논어》위령공衛靈公편 제18장에는 다음과 같은 내용이 있다.

子曰 不曰如之何如之何者 吾末如之何也已矣
자 왈 불 왈 여 지 하 여 지 하 자 오 말 여 지 하 야 이 의

공자가 말씀하시기를 "'어찌할까? 어찌할까?'라고 말하지 않는 사람은 나도 어찌할 수 없을 뿐이다."라 하였다.

이 내용도 수신의 관점에서 보면 다음과 같다.

처음에 여지하如之何, 즉 '어찌할까?'라는 말은 심사숙고한 이후 그것을 살펴서 대처하는 것을 스스로 물어보는 것이다. 바로 격물치지에 이른 뒤 자신의 행동을 어떻게 하여 수신을 하려는 생각인 것이다. 그것은 성의와 정심이 이루어지지 않은 상태를 말한다. 결국 공자가 말한 여지하如之何는 '도와줄 수 없다'는 의미이다.

성의·정심에 의한 수신은 자신이 이루어 나가는 것이다. 스승이나 성인은 그것을 깨닫게 해주고 솔선수범하여 본보기가 됨으로써 친민을 이루고 최종적으로 지어지선을 이루는 것이다.

정리하면, 천명으로 부여받은 인의예지는 성으로서 가장 이상적인 인의예지이다. 이것이 사람의 마음속에서 존재하므로 사람에게는 누구나 명덕이라는 인간성이 잠재해 있다. 사람이 어떤 사물을 접함으로써 격물치지하게 되는 것은 원래 마음속에 있던 인의예지 중에서 작은 조각에 의하여 깨닫게 되는 것이다. 이것으로 인하여 이상적인 인의예지에 한 발 더 다가갈 수 있도록 성의·정심을 통한 수신을 하고, 타인들과의 관계에서 중화를 이루기 위한 중절을 행한다. 그러한 행위가 절차탁마切磋琢磨 중에서 절탁切琢의 과정이다.

　그렇게 되면 자신 안에 잠재해 있던 명덕의 빛이 조금 밝아지고, 인의예지는 이상적인 인의예지에 한 발 더 접근하게 된다. 이것을 기반으로 또 다른 격물치지와 수신, 그리고 중화를 해나감에 따라 절탁의 과정이 차마磋磨의 과정으로 변환되는 것이다. 차마의 완성도는 이상적인 인의예지에 접근한 척도가 된다. 이상적인 인의예지는 결코 도달할 수 없으나 가장 근접한 곳까지 가려고 노력함으로써 사람들 사이에서 중화가 이루어지고 질서가 잡히는 것이다. 그것의 시작은 격물치지이지만, 본격적으로 중화를 이루려고 하는 자신의 몫은 성의·정심에 의한 수신인 것이다.

정情이 엔진이고
성性은 핸들이다

성의·정심에 의한 수신에서 가장 중요한 것은 사람의 마음이다. 마음은 인의예지仁義禮智에 의한 성性과 희로애락애오욕喜怒哀樂愛惡慾이라는 정情으로 구성된다. 정은 무시하지 못할 우리의 마음이다.

앞에서 언급한 대로 지구가 중을 잡고 있는 것은 성이며, 23.5도 지축이 기울어져 있는 것은 정이라고 생각하면 이해할 수 있다. 따라서 인의예지가 인간이 세상을 살아가는 데 있어 모든 것을 해결해주지는 못한다.

《명심보감明心寶鑑》 성심하省心下편에 《공자가어孔子家語》를 인용한 다음 내용이 있다.

家語云 水至淸則無魚 人至察則無徒
가 어 운 수 지 청 즉 무 어 인 지 찰 즉 무 도

《가어家語》에서 이르기를 "물이 지극히 맑으면 물고기가 없고, 사람이 지극히 살피면 (따르는) 무리가 없다." 하였다.

흔히 "물이 너무 맑으면 물고기가 살 수 없다."고 말한다. 사람도 지나치게 재거나 살피면 그를 따르는 친구나 추종자가 없다. 여기서는 지나치게 신중하거나 재는 성격을 경계한 것인데, 성정性情의 관점에서 본다면 인간의 감정을 무시하고 성의 입장에서 인의예지만 고수할 경우 진정한 중화는 이룰 수 없는 것이라고 생각해볼 수 있다.

인간을 비롯한 생명체는 동물이나 식물 모두 경쟁하며 진화해왔다. 한편으로 보면 경쟁은 생명을 보전하기 위한 활동이라고 볼 수 있다. 동물과 식물은 생태계에서 살아남기 위하여 경쟁을 한다. 식물은 햇빛과 수분을 많이 확보하기 위하여 서로 경쟁을 하며, 동물의 먹이가 되지 않기 위하여 자체 독소를 만들기도 한다. 동물은 먹이를 구하기 위하여 동족이나 다른 종족 간에 경쟁해야만 생태계의 먹이사슬에서 살아남을 수 있다. 약한 동물은 포식자에게서 자신을 보호하고 종족을 번식시켜야 하고, 포식자 또한 먹이가 되는 동물을 사냥해야만 생존하고 새끼를 낳아 기를 수 있다. 일방적인 공격과 방어로 보이지만 이것도 생존을 위한 경쟁의 하나이다.

이와 마찬가지로 인간도 다른 동식물과 생존을 위한 경쟁을 하고, 인간끼리도 경쟁을 해야만 생활을 영위할 수 있다. 인간은 상호경쟁을 통하여 문화와 예술, 기술과 철학 등의 발전을 이루어왔다. 이러한 발전은 경쟁 없이는 불가능한 업적이다. 경쟁을 만드는 마음은 성^性이 아니라 감정인데, 이러한 감정이 지나치게 되면 질서가 붕괴되고 갈등과 전쟁 등의 부작용이 발생한다.

이러한 감정의 치우침을 억제하고 마음에서 성^性과 정^情이 중용을 이루어 중도로 행할 수 있게 하는 것을 수신으로 보아야 한다. 이러한 수신의 결과는 선의의 경쟁을 추구하게 하고 서로 발전하는 계기가 되게 할 것이다.

공자도 제자들에게 성을 가르칠 때 감정에 의한 작용으로 예를 들어 자주 설명했다. 특히 《시경》을 인용하고, 오감^{五感}을 통하여 알기 쉽게 이해시키려고 노력했다. 오감의 결과는 감정으로 나타난다. 이러한 사실에서 정이란 치우침을 경계할 뿐 결코 무시할 수 없는 인간 본연의 마음이라는 것을 알아야 한다.

 대학 전문 6-1

이른바 '자신의 뜻을 성실하게 한다는 것'은 스스로 속이지 않는 것으로, (악을 미워하기를) 악취를 미워하는 것과 마찬가지로 하며, (선을 좋아하기를) 호색을 좋아하는 것과 마찬가지로 하여야 한다. 이것을 자겸^{自謙}이라고 말한다. 그렇기 때문에 군자는 반드시 자신이 홀로 있을 때를 삼가는 것이다.

所謂誠其意者 毋自欺也 如惡惡臭 如好好色 此之謂自謙
소 위 성 기 의 자 무 자 기 야 여 오 악 취 여 호 호 색 차 지 위 자 겸
故 君子 必愼其獨也
고 군 자 필 신 기 독 야

"'자신의 뜻을 성실하게 한다는 것'은 스스로 속이지 않는 것으로, (악을 미워하기를) 악취를 미워하는 것과 마찬가지로 하며, (선을 좋아하기를) 호색을 좋아하는 것과 마찬가지로 하여야 한다."는 다음과 같은 의미이다.

자신의 뜻을 성실하게 하는 것이 수신의 맨 처음 단계이다. 사람의 오감 가운데서는 시각이 가장 큰 역할을 하고 청각이 그다음이지만, 시각과 청각은 거슬리는 것이 있을 때 자리를 피하지 않아도 스스로 눈을 감거나 귀를 막아 자신의 의지대로 피할 수 있다. 그러나 후각은 오감 가운데 가장 민감하고 호흡과 관련이 있기 때문에 쉽게 제어할 수 없다. 따라서 악취를 참는다는 것은 쉬운 일이 아니므로 그 자리를 벗어나서 피할 수밖에 없다.

한편, 이러한 성실도 사람의 기본적 욕구인 색욕色慾을 통하여 성실을 독려하고 있다. 색色이라는 것은 인간의 시각과 촉각을 움직이게 하고 희로애락애오욕에 가장 많은 영향을 미친다. 아름다운 이성異性이나 풍요로운 물질에 대한 욕구를 만족시키는 일이야말로 사람이 가장 좋아하는 것이기 때문에 사람은 항상 색을 좇아 살고 있는 것이다.

이와 같이 오감을 통하여 적극적·자발적으로 회피하거나 반

기는 것으로 뜻을 성실하게 하라는 의미이다. 이 내용이 《논어》
자한^{子罕}편 제17장에는 다음과 같이 언급되어 있다.

子曰 吾未見好德 如好色者也
자 왈 오 미 견 호 덕   여 호 색 자 야

공자가 말씀하시기를 "나는 덕을 좋아하기를 여색을 좋아하는
것과 같이 하는 사람을 보지 못하였다."고 하였다.

이와 같이 성실한 마음조차 좋아하는 것을 여색을 좋아하는
감정의 움직임으로 하여야 한다는 것이다.
한편, 《논어》 자한^{子罕}편 제30장에는 다음과 같은 내용이 있다.

唐棣之華 偏其反而 豈不爾思 室是遠而
당 체 지 화   편 기 번 이   기 불 이 사   실 시 원 이
子曰 未之思也 夫何遠之有
자 왈 미 지 사 야   부 하 원 지 유

당체의 꽃이여! 바람에 펄럭이는구나. 어찌 너를 생각지 않을까
하지만 집이 멀기 때문이다.
(이 시에 대하여) 공자가 말씀하시기를 "생각지 않을지언정 무릇
어찌 멀다 함이 있겠는가?"라 하였다.

사랑하는 사람을 그리워하는 마음만 가지고 있다면 진정으로

사랑하는 것이 아니다. 진정으로 사랑하여 그리워하는 마음이 있다면 거리가 멀고 가까움이 문제가 되지 않는다. 이와 마찬가지로 선함을 추구하는 것을 알고만 있으면 아무 소용이 없다. 사랑하는 사람이 그리우면 먼 곳이라도 찾아가는 것처럼 성실하게 뜻을 가지고 그 이후에 마음을 바르게 함으로써 수신을 하고, 이것을 실천에 옮기는 행동을 해야만 하는 것이다.

이와 같이 격물치지에 의하여 알게 된 인의예지의 실천항목으로서 뜻을 성실하게 하는 것은 악을 싫어하는 것을 미워하는 감정에 의하여 하고, 선을 좋아하는 것을 이성을 좋아하는 감정에 의하여 하는 것이므로 정을 이상적인 성으로 가기 위한 방법으로 사용한 것이다.

이를테면 이상적인 성性은 건강, 정情은 당분과 같다고 할 수 있다. 당분을 과하게 섭취하면 고혈압이나 당뇨 등의 문제가 발생하여 건강을 해치게 된다. 반면 당분을 너무 적게 섭취하면 인체에 사용되는 에너지원의 부족으로 영양상태가 나빠져 이 역시 건강을 해치게 된다. 이 경우 당분을 적절히 섭취하면 달콤한 미각도 느끼고 신체 에너지로도 활용됨으로써 건강한 모습을 유지할 수 있다. 이와 마찬가지로 정은 반드시 성을 위해서도 필요한 존재이다.

감정이 일어나는 것은 자기 스스로만 알 수 있다. 쓴 음식을 먹고 달다는 표정을 지을 수는 있지만 스스로 느끼는 미각은 쓴맛을 달게 느끼지 않을 것이다. 또 단 음식을 먹고 쓰거나 시다는 표정을 지을 수는 있어도 이 역시 스스로 느끼는 미각은 단맛을 쓴맛이나 신맛으로 느끼지 않는다.

이러한 것이 스스로 속이지 못하는 것으로서, 격물치지를 통하여 머리로 알고 있지만 진실로 악을 미워하고 선을 좋아하는 마음의 감정이 일어나는 것이 되어야만 한다.

"이것을 자겸이라고 말한다. 그렇기 때문에 군자는 반드시 자신이 홀로 있을 때를 삼가는 것이다."는 다음과 같은 의미이다.

겸謙은 만족할 겸慊과 통하는 글자이며, 자겸은 스스로 만족해하는 것이다. 성실이란 명덕을 밝히기 위하여 마음을 굳세게 먹고 뜻을 세우지만 억지로 이루는 것이 아니라 악취를 싫어하고 호색을 좋아하는 것과 같이 자발적이고 자연스러운 감정에 의하여 해나감으로써 스스로 만족해하는 것이다.

이것은 남에게 보이기 위하여 외면에 집착하는 것이 아니라 스스로에게 부끄럽지 않은 인간으로서 나를 위한 공부가 돼야만 한다. 《중용》 제1장에 홀로 있을 때를 삼가는 이유와 관련된 내용이 나온다.

道也者 不可須臾離也 可離 非道也
도 야 자 불 가 수 유 리 야 가 리 비 도 야

是故 君子 戒愼乎其所不睹 恐懼乎其所不聞
시 고 군 자 계 신 호 기 소 부 도 공 구 호 기 소 불 문

莫見乎隱 莫顯乎微 故 君子 愼其獨也
막 현 호 은 막 현 호 미 고 군 자 신 기 독 야

도라는 것은 잠시라도 떠날 수 없는 것이니, 떠날 수 있다면 도
가 아니다.
그렇기 때문에 군자는 보이지 않는 바에 계신戒愼하고, 듣지 않는
바에 공구恐懼하는 것이다.
숨겨진 것보다 드러나는 것은 없고 미미한 것보다 나타나는 것
은 없으니, 그렇기 때문에 군자는 홀로 있음을 삼가는 것이다.

"도라는 것은 잠시라도 떠날 수 없다."는 다음과 같은 의미이다.
  앞에서 여러 번 설명한 대로 천도天道에 의하여 모든 사물이
생성되었기 때문에 자신을 비롯한 모든 사물에 도가 존재한다
고 하였다. 특히 인간은 생명과 성이라는 순수한 성품까지 천도
에 의하여 부여받아 자신의 내면에도 도가 있고, 그로 인한 명덕
이 잠재하고 있다. 또한 우리가 대하는 동물과 식물의 생명 자체
뿐만 아니라 그 특성도 천도에 의하여 만들어졌으며, 우리가 접
하는 일이나 사건 또는 자연환경 등도 모두 천도에 의하여 만들
어지고 특성이 이루어진 것이라고 하였다.
  따라서 우리 주변에 있는 모든 것에는 천도의 흔적이 남아 있
고, 인간이 그 대상들과 조화를 이루어 나가기 위해서는 자신이
가지고 있는 천도의 흔적인 인의예지의 성을 따라 생각하고 실
천해야 한다. 그래서 "떠날 수 있다면 도가 아니다."라 한 것이다.
  "군자는 보이지 않는 바에 계신하고, 듣지 않는 바에 공구하는
것이다."는 다음과 같은 의미이다.

잠시라도 자신의 몸에서 도가 떠나는 것을 경계하여 삼가고 걱정하는 것이 계신공구戒愼恐懼이다. 그렇기 때문에 우리가 접하는 모든 환경이나 대상이 도에 따라 실천할 수 있는 것임을 명심하여야 한다.

잘못한 일은 아무리 감추려 해도 언젠가는 드러나게 되어 있기 때문에 하늘로부터 부여받은 성을 지닌 인간으로서 스스로 느끼는 자존심이 상처를 받지 않도록 혼자 있을 때 능동적으로 삼가는 신독愼獨을 한다는 것이다. 따라서 도가 잠시라도 자신의 몸에서 떠나지 않도록 스스로 정직해야만 한다. 정직함은 자존심의 표현이며 인간이 살아 있는 가치이다.

《논어》옹야雍也편 제17장에는 다음과 같은 내용이 있다.

子曰 人之生也直 罔之生也 幸而免
자왈 인지생야직 망지생야 행이면

공자가 말씀하시기를 "사람이 살아 있다고 하는 것은 정직함이 있는 것이다. 정직하지 않고 살아 있는 것은 죽음을 요행히 면한 것일 뿐이다."라 하였다.

이 말은 정직하게 살아가는 것이 바로 가치 있는 삶이라는 뜻이다. 이는 성에 의한 정신적 가치만 중요하게 생각하는 것은 아니다. 정신적 가치만 추구하고 정에 의한 물질적 가치를 경멸한다면 경제적·과학적 발전은 있을 수 없다. 다만 사람의 욕심이 과도하게 작용하여 정신적 가치가 무시되기 때문에 정신적 가치를 되돌아보기를 권하는 것이다.

정직이란 남에게 정직한 것이 아니라 스스로 정직한 것을 말한다. 계신공구와 신독이 밖으로 가장 잘 드러나는 것이 말과 행동이 같은 언행일치言行一致이다. 도를 실천하고 홀로 있을 때 삼가며, 자신의 의지를 초지일관 강력하게 나타내는 모습은 언행일치에서 찾아볼 수 있다. 언행이 일치하는 사람은 다른 사람 앞에서 당당하며, 당당한 사람은 쓸데없는 걱정을 하지 않는다. 성실하고 정직한 마음을 행동으로 옮기기 때문에 부끄럽지 않은 것이다. 언행일치에 대하여는 《논어》에서 공자가 예로 들었던 여러 가지 사례로 설명하는 것이 이해하기가 쉽다.

《논어》안연顏淵편 제4장을 보면 다음 내용이 나온다.

司馬牛問君子 子曰 君子 不憂不懼 曰 不憂不懼 斯謂之君子矣乎
사 마 우 문 군 자 자 왈 군 자 불 우 불 구 왈 불 우 불 구 사 위 지 군 자 의 호
子曰 內省不疚 夫何憂何懼
자 왈 내 성 불 구 부 하 우 하 구

사마우가 군자에 대하여 묻자 공자가 말씀하시기를 "군자는 근심하지 않고 두려워하지 않는다."고 하였다. 그 사람이 "근심하지 않고 두려워하지 않으면 군자라고 말할 수 있습니까?" 하고 다시 묻자, 공자는 "자신의 마음속을 살펴보아 하자가 없으니 근심하고 두려워하지 않는 것이다."라 말씀하셨다.

계신공구의 공구恐懼는 자신이 성실하지 못하여 도에서 멀어지는 것을 염려하여 스스로 근심하고 두려워하는 것이다. 이 예문에 나오는 우구憂懼는 남들이 자신을 판단하고 지적하는 것에 대한 근심과 두려움이다. 고전을 접할 때는 같은 단어라도 전후 정황을 파악하여 그 단어의 미묘한 차이를 꼼꼼히 살펴야 한다.

이와 같이 근심하고 걱정하는 것 자체가 정에 의하여 움직이는 사람의 생각이다. 《논어》 옹야雍也편 제16장을 보면 성과 정의 상호연관성에 대한 언급이 있다.

子曰 質勝文則野 文勝質則史 文質彬彬然後 君子
자 왈 질 승 문 즉 야 문 승 질 즉 사 문 질 빈 빈 연 후 군 자

공자가 말씀하시기를 "본질이 문채를 이기면 촌스럽고, 문채가 본질을 이기면 겉치레만 잘하는 것이니, 본질과 문채가 적절히 배합된 이후에 군자이다."라 하였다.

본질은 성실성이 충만한 모습으로 자신이 아는 지식을 몸으로 실천할 수 있는 내면적 자세이다. 문채文彩는 자신이 아는 것을 표현하는 방법으로서 글이나 말로 외부에 드러나는 것을 말한다. 촌스러움이란 화려하지 않고 간단한 모습을 말하는 것이고, 겉치레를 잘한다는 것은 견문이 많고 학식도 풍부하지만 성실한 자세가 부족한 모습이다.

몸으로 실천할 수 있는 내면적인 본질은 마음에서 성으로부터 우러나오는 성실함이다. 문채는 자신이 아는 것을 외부에 드러낼 때 글이나 말을 아름답게 꾸미고 싶어 하는 마음속 정으로부터 발생되는 표현이다.

따라서 성이 과도하게 작용하면 상대방으로 하여금 접근하기를 꺼리는 마음을 가지게 하지만, 믿음이 가는 마음도 함께 작용한다. 한편, 정이 과도하게 작용하면 상대방은 믿음이 가지 않으면서도 함께 대화를 나누거나 일하는 것이 편하게 느껴진다.

그렇기 때문에 성과 정이 적절히 배합되면 상대방이 함께 하기 편한 마음을 갖게 되며, 성실함에 의하여 자신의 말에 신뢰를 줄 수 있는 것이다. 성실함은 내면적인 실천기반을 확립하는 것이다. 이것은 개인 윤리이며 사회 윤리의 시발점이 된다. 그러나 그러한 성에 의한 내면적 성실함도 정에 따른 표현에 의하여 외부에 표출되기 때문에 성과 정이 적절히 균형을 유지해야 진정한 수신 과정이라고 할 수 있다. 이것이 성과 정의 중용이다.

수신을 할 때 이상적인 모습은 성에 의한 내면적 성실함이지만, 현실적인 모습은 정이 적극적으로 앞장서서 추구하고 성은 정의 치우침을 조절하며 바른 방향으로 이끄는 역할을 하는 것이 가장 바람직하다. 자동차에 비유하자면 정은 엔진과 동력전달 장치이고, 성은 핸들과 브레이크 장치라 할 수 있다.

군자와 소인의 차이는
성실과 올바름이다

앞에서 이야기했듯이 지식이 있는 사람이 존경을 받거나 본보기가 되는 사람은 아니다. 그런 사람은 명덕이 밝아진 사람이거나 그 명덕을 밝히기 위해 부단히 노력하는 사람이다. 명덕이 완전하게 밝아진 사람을 성인^{聖人}이라 하고, 명덕을 밝히기 위하여 지속적으로 실천을 해나가는 사람을 군자^{君子}라 한다.

군자는 유가에서 '성품이 어질고 학식이 높은 지성인'을 일컫는 말이다. 춘추시대에는 벼슬이 높은 사람도 군자라 하였고, 또 아내가 남편을 이르는 말로 쓰기도 하였다. 《예기^{禮記}》 곡례편에서는 '많은 지식을 지니고 있으면서 겸손하고, 선한 행동에 힘쓰면서 게으르지 않은 사람'을 군자라 하였다. 유가의 고전에서 군자는 대부분 도덕적으로 본보기가 되는 지성인을 말한다.

군자와 반대되는 개념은 소인^{小人}이다. 소인은 성품이 어질지 못하고 지성적이지 못한 사람을 말한다. 또한 높은 벼슬에 오르

지 못한 일반인을 지칭하기도 하고, 겸손하지 못하고 선한 행동
을 하지 않는 게으른 사람을 말하기도 한다. 유가의 고전에서 소
인은 대부분 학식 여부와 관계없이 도덕적이지 못한 사람들을
가리킨다.

《대학》에서는 군자와 소인을 다음과 같이 설명하고 있다.

 대학 전문 6-2

소인小人이 한가하게 거처할 때에 불선한 짓 하는 것이 이르지
않는 곳이 없다가 군자를 본 뒤에 살며시 그 불선했던 짓을 가리
고 선함을 드러낸다.

小人閒居 爲不善 無所不至 見君子而后 厭然揜其不善 而著其善
소 인 한 거 위 불 선 무 소 부 지 견 군 자 이 후 암 연 엄 기 불 선 이 저 기 선

"소인이 한가하게 거처할 때에 불선한 짓을 하는 것이 이르지
않는 곳이 없다가 군자를 본 뒤에 살며시 그 불선했던 짓을 가리
고 선함을 드러낸다."는 다음과 같은 의미이다.

여기서 소인은 도덕적 인격을 지니지 못하고 사사로운 욕심
에 이끌리는 사람을 말한다. 한가하게 거처한다는 것은 사람들
과 북적이지 않고 혼자 있을 때를 말한다. 특히 소인은 혼자 있
을 때 거리낌이 없이 행동하게 된다.

군자를 본 뒤 불선함을 감추고 선함을 드러낸다는 것은 소인이 선악^{善惡}을 구분하지 못하는 사람은 아니라는 뜻이다. 소인은 누구나 아는 상식적인 질서를 홀로 있을 때 지키지 못하는 사람이다. 또한 도덕적 인격을 지닌 사람을 본 뒤 불선함을 감추고 선함을 드러낸다는 점에서 소인은 불선한 행동이 부끄러운 일이라는 것을 알고 느끼는 일반 사람인 것이다.

따라서 소인은 학식^{學識} 여부와 상관없이 천명에 의하여 부여받은 명덕을 밝히려고 성실히 노력하지 않는 사람을 말한다. 소인은 결코 학식이 없는 사람이 아니다. 아무리 지식적으로 많은 것을 알더라도 그 뜻을 성실히 하지 못하면 아무 소용이 없는 것이다.

《논어》이인^{里仁}편 제16장에는 다음과 같은 내용이 있다.

子曰 君子 喩於義 小人 喩於利
자 왈 군 자 유 어 의 소 인 유 어 리

공자께서 말씀하시기를 "군자는 의에 깨닫고, 소인은 이익에 깨닫는다."고 하였다.

오늘날 스스로 사회지도층이라고 하는 지식계층을 보면 춘추시대와 마찬가지로 군자인 사람이 드물다. 그들의 도덕성은 일반 사람의 모범이 되지 못한다. 한 예로 우리나라 정치가나 관료 또는 경제인들과 그의 자제들이 병역의무를 성실히 수행하는 비율은 일반인에 비하여 현저히 떨어진다.

또한 정치가와 관료들 가운데 일부는 자신의 지위를 이용한 정보 습득으로 부동산투기를 하고, 재벌 등의 부유층은 재산문제로 부자간, 형제간에 소송도 불사하고 있다. 눈앞의 이익을 쟁취하기 위한 이들의 도덕성 결여는 지식이 없어서 그런 것이 아니다. 정情이 성性을 과다하게 가려서 그 뜻이 성실하지 못하기 때문인 것이다.

《중용》제2장에 다음과 같은 내용이 있다.

仲尼曰 君子 中庸 小人 反中庸
중 니 왈 군 자 중 용 소 인 반 중 용
君子之中庸也 君子而時中 小人之(反)中庸也 小人而無忌憚也
군 자 지 중 용 야 군 자 이 시 중 소 인 지 반 중 용 야 소 인 이 무 기 탄 야

중니께서 말씀하시기를 "군자君子는 중용中庸을 하고, 소인小人은 중용에 반反한다. 군자가 중용을 하는 것은 군자이면서 시중時中을 하기 때문이며, 소인이 중용에 반하는 것은 소인이면서 거리낌이 없기 때문이다."라 하였다.

"군자는 중용을 하고, 소인은 중용에 반한다."는 다음과 같은 의미이다.

군자란 인간관계에서 매사에 도덕적으로 상대방에 대하여 중화를 이루기 위하여 한결같이 도를 실천하는 사람이다. 따라서 군자는 성과 정이 균형을 이루고 상호보완하면서 성실하게 자

신이 알고 있는 지식을 몸으로 체득하기 위하여 적극 수신하는 사람이다.

"군자가 중용을 하는 것은 군자이면서 시중을 하기 때문이며, 소인이 중용에 반하는 것은 소인이면서 거리낌이 없기 때문이다."는 다음과 같은 의미이다.

사람다운 사람은 상생을 위하여 모든 일을 접할 때 상황과 여건에 맞는 중화를 이루기 위하여 시종일관 시중에 따른 도를 행한다. 그것은 계신공구에 의한 신독을 끊임없이 추구하기 때문에 외부로 드러나는 결과이다. 그러나 소인은 자신의 이익만 추구하기 때문에 중용에는 관심이 없고, 당장의 이익에 나쁜 결과가 나타나면 전전긍긍하는 속성을 보인다. 그렇기 때문에 도를 따라 자신을 다스리지 않고 서슴없이 행동하는 것이다. 소인은 인격적 완성을 이루지 못함을 걱정하거나 두려워하지 않고 자신에게 돌아오는 이익이 적어질 것을 걱정하고 두려워하기 때문이다.

명덕을 밝히고자 하는 사람은 의롭지 못한 상태에서 부와 명예를 추구하지 않으며, 부와 명예에 휩쓸리기보다는 사람답게 살고 있는 자신의 모습에 자부심을 느낀다.

《논어》술이述而편 제15장에 다음과 같은 내용이 있다.

子曰 飯疏食飲水 曲肱而枕之 樂亦在其中矣 不義而富且貴
자 왈 반소사음수 곡굉이침지 락역재기중의 불의이부차귀

於我 如浮雲
어아 여부운

공자가 말씀하시기를 "소박한 음식을 먹고 팔베개를 하고 눕더라도 즐거움이 그 가운데 있다. 의롭지 못하면서 부유하고 귀한 것은 나에게 뜬구름과 같다."라 하였다.

이러한 유유자적함은 내면적 성실함에 스스로 만족하고 외형적으로 화려함에 연연하지 않는 모습이다. 그렇기 때문에 의롭지 못한 상황으로 가난하게 되고 자신의 명예가 본의 아니게 실추되더라도 그것에 대한 분노를 발산하지 않는다. 그러한 어려움을 견뎌내며 상황이 의롭게 되도록 노력해 나가는 것이 수신을 위하여 성실한 사람의 참모습인 것이다.

《논어》위령공衛靈公편 제1장에는 다음 내용이 있다.

衛靈公 問陳(陣)於孔子 孔子對曰 俎豆之事 則嘗聞之矣 軍旅之事
위 령 공 문 진 어 공 자 공 자 대 왈 조 두 지 사 즉 상 문 지 의 군 여 지 사
未之學也 明日 遂行 在陳絶糧 從者病 莫能興 子路慍見曰
미 지 학 야 명 일 수 행 재 진 절 량 종 자 병 막 능 흥 자 로 온 현 왈
君子亦有窮乎 子曰 君子 固窮 小人 窮斯濫矣
군 자 역 유 궁 호 자 왈 군 자 고 궁 소 인 궁 사 람 의

위령공衛靈公20)이 공자에게 (전쟁할 때 필요한) 진법을 물었을 때 공자는 "예법禮法에 대한 것은 알고 있으나 군대에 관한 일은 배우지 못했습니다." 하고 말하고는 다음 날 (위나라를 떠나 진나라로) 가버렸다. 그리하여 진나라에 머무를 때 양식이 떨어져 공자를 따르는 사람들

20 춘추시대 위나라의 무도한 제후였다.

이 쇠약해져 일어나지도 못하게 되었다. 자로子路가 이러한 상황에 분노를 느껴 "군자도 곤궁할 때가 있습니까?" 하고 묻자, 공자가 말씀하시기를 "군자는 곤궁한 것을 견뎌낼 수 있지만 소인은 곤궁해지면 그것을 모면하기 위해서 무슨 짓이든 하게 된다."라 하였다.

이와 같이 백성이 어려움에 처하고 질서가 무너진 상황에서 전쟁준비에 급급한 지도자는 수신을 위한 성실함이 결여되고 자신의 이익에만 급급한 소인배이다. 특히 정치가와 관료들은 소인의 기질이 있으면 안 된다.

《논어》이인里仁편 제11장에 다음과 같은 내용이 있다.

子曰 君子懷德 小人懷土 君子懷刑 小人懷惠
자 왈 군 자 회 덕 소 인 회 토 군 자 회 형 소 인 회 혜

공자가 말씀하시기를 "군자는 덕을 생각하고 소인은 거처의 편안함을 생각한다. 군자는 형벌을 생각하고 소인은 은혜를 생각한다."라 하였다.

덕을 생각한다는 것은 선을 보존함이고, 선을 보존함은 명덕을 밝히는 것이다. 명덕을 밝히려 한다면 격물치지한 내용에 대하여 뜻을 성실하게 해야만 하므로 군자는 마음에 성실함이 있는 사람이다. 거처의 편안함을 생각하는 것은 사사로운 이익에

급급한 것으로 그 뜻이 성실하지 못한 사람이다. 한편 형벌을 생각하는 것은 법을 두려워하는 것으로 공적인 것을 먼저 생각하는 것이며, 은혜를 생각하는 것은 사사로운 이익을 탐하는 것이다. 따라서 군자는 사사로움이 없기 때문에 항상 그 뜻이 성실하고 소인은 사사로운 이익을 먼저 생각하기 때문에 항상 그 뜻이 성실하지 못하다.

대학 전문 6-3

남들이 자기를 보는 것이 자신의 허파와 간을 보는 것과 같다면 어찌 유익함이 있겠는가? 이것이 "심중에 성실하면 밖으로 드러난다."고 하는 것이니, 그렇기 때문에 군자는 반드시 자신이 홀로 있을 때를 삼가는 것이다.
증자가 말하기를 "열 개의 눈이 보는 바이며, 열 개의 손이 가리키는 바이니, 바로 엄하구나!" 하였다. 부富는 집을 윤택하게 하고 덕德은 몸을 윤택하게 하니, 마음은 넓어지고 몸은 펴지기 때문에 군자는 반드시 자신의 뜻을 성실하게 하는 것이다.

人之視己 如見其肺肝然 則何益矣 此謂 誠於中 形於外
인 지 시 기 여 견 기 폐 간 연 즉 하 익 의 차 위 성 어 중 형 어 외
故 君子 必愼其獨也
고 군 자 필 신 기 독 아

曾子曰 十目所視 十手所指 其嚴乎 富潤屋 德潤身 心廣體胖
증 자 왈 십 목 소 시 십 수 소 지 기 엄 호 부 윤 옥 덕 윤 신 심 광 체 반

故 君子 必誠其意
고 군 자 필 성 기 의

"남들이 자기를 보는 것이 자신의 허파와 간을 보는 것과 같다면 어찌 유익함이 있겠는가? 이것이 '심중에 성실하면 밖으로 드러난다.'고 하는 것이니, 그렇기 때문에 군자는 반드시 자신이 홀로 있을 때를 삼가는 것이다."는 다음과 같은 의미이다.

성정性情, 즉 마음이 느끼고 생각하는 것은 자신도 모르게 밖으로 드러나는 법이다. 아무리 감추려고 해도 은연중에 행동으로 드러나게 된다. 자신의 뜻을 성실하게 갖추지 않는다면 숨기려고 해도 불현듯 드러나기 때문에 남들이 저절로 알게 된다. 그러므로 홀로 있을 때 내면적인 자신의 몸을 경계하는 계신戒愼과 성실하지 못한 자신의 모습을 걱정하고 두려워하는 공구恐懼를 통하여 마음을 다잡음으로써 스스로 몸을 닦아 나가는 것이 바람직하다.

"열 개의 눈이 보는 바이며, 열 개의 손이 가리키는 바이니, 바로 엄하구나!"는 다음과 같은 의미이다.

사람은 자신이 있거나 떳떳한 마음일 때는 행동을 마음과 동일하게 함으로써 숨기지 않는다. 그러나 자신이 부끄럽거나 남에게 보이고 싶지 않은 치부라고 생각하면 자신의 마음을 숨기려고 하는 경향이 있다. 떳떳하지 않게 생각하거나 부끄러워하

는 것은 그것이 잘못이고 당당하지 못하다는 것을 자신이 잘 알고 있다는 증거이다. 그러한 치부는 자신의 사사로운 이익에 편향됨으로써 만들어지게 된다.

또한 내면을 숨기고 겉을 가장하더라도 언젠가는 제 모습을 드러내기 마련이다. 그러한 모습은 사람들의 시선을 벗어날 수 없다. 왜냐하면 몸은 마음에 의하여 움직이기 때문에 거짓을 꾸며내는 사람의 단기간의 거짓 행동은 잘 드러나지 않지만, 장기간에 걸쳐 보게 되면 앞뒤가 맞지 않게 된다. 특히 자신의 이익이 눈앞에 있는 경우에는 바로 드러나게 되어 있다.

현대사회에서는 거짓 행동의 진실이 여실히 드러나게 되어 있다. 자동차마다 블랙박스가 달려 있고, 건물마다 골목길마다 CCTV가 설치되어 있으며, 사람들이 가지고 다니는 스마트폰으로 언제든 동영상을 촬영할 수 있다. 이러한 현대사회에서는 거짓으로 꾸며대는 행동을 열 개가 아니라 수만 개의 눈이 바라보고 수만 개의 손가락이 가리키게 되는 것이다.

이와 같이 타인이 바라보고 타인이 지적하는 것을 두려워하여 자기 자신에게 성실하지 못하면서 겉모습을 꾸미면 이것은 스트레스로 다가오게 된다. 언제까지 본모습을 숨길 수는 없다. 그렇게 속과 겉이 다른 모습의 거짓된 행실보다는 스스로 뜻을 성실하게 하여 마음을 다잡음으로써 선한 행동을 하는 것이 본인과 타인을 위하여 바람직하다.

얼마 전 SNS에 자신의 불만 내용을 올렸다가 대중의 비난을 받은 축구선수도 있었고, 철없던 시절에 했던 조국에 대한 비하 발언으로 소속 그룹에서 퇴출당한 교포 연예인도 있었다. 또한 술을 마시고 황당한 사건을 만든 코미디언도 대중의 따가운 시선을 피할 수 없었다.

이들의 행위를 분석한 내용을 보면 매우 즉흥적이고 자신을 통제하지 못하는 점에 초점을 맞춰 문제를 다루고 있다. 그러나 뜻이 성실하지 못한 사람이 술을 마시고 스스로 이성적인 통제를 하거나, 자신의 현재 상황이 어려운데 알 수 없는 미래까지 생각해 본인의 행동거지를 조심하는 경우는 드물다. 순간적으로 자신의 이익이 침해를 받을 경우 내부 감정이 그대로 드러나게 된다.

특히 개인의 신상과 본명이 노출되지 않는 사이버 공간에서는 거침없이 막말이 오가고, 평소 얌전하던 사람이 자신만의 공간으로 생각되는 자동차 안에서는 폭력적인 성향을 드러내어 보복운전을 자행하는 것이 오늘날을 사는 우리의 모습이다. 이것을 이성으로 통제하는 데는 한계가 있다. 만약 자신이 알고 있는 간단한 공중도덕 지식을 항상 실천하겠다는 성실한 뜻이 있으면 평소의 얌전한 모습과 이익이 좌우되는 환경에서 나타나는 본모습 사이에 차이가 생기지 않을 것이다.

결국 홀로 있을 때를 삼가고 자신의 뜻을 성실하게 한다면 행동거지에 성실함이 드러나게 된다. 이러한 모습은 단기간이 아니라 장기간에 걸쳐 사람들이 보고 판단하므로 자신의 인격적 완성도는 타인의 판단에 따라 사회적으로 결정되는 것이다.

 "부는 집을 윤택하게 하고 덕은 몸을 윤택하게 하니, 마음은 넓어지고 몸은 펴지기 때문에 군자는 반드시 자신의 뜻을 성실하게 하는 것이다."는 다음과 같은 의미이다.

 집이란 사람이 거주하는 공간이고 몸은 마음이 거주하는 곳이다. 부유하여 집이 윤택해지면 사람은 편안한 삶을 영위하게 되고, 명덕을 밝혀 몸이 윤택해지면 마음이 저절로 넓어지고 여유로워지기 때문에 편안하게 몸이 펴지게 된다.

 마음을 윤택하게 하는 것은 사사로운 욕심을 버리는 것이다. 흔히 '욕심을 내려놓는다'거나 '마음을 비운다'고 표현하는데, 욕심에는 두 가지 의미가 있다. 즉, 자신의 감정에만 충실하여 성실하지 못한 마음에서 발생하는 욕심慾心과 내가 무엇을 하고자 하는 의지의 욕심欲心이다. 결국 욕심慾心은 정이 편향되어 성을 가림으로써 명덕을 밝힐 수 없는 조건을 만드는 것이고, 욕심欲心은 성이 정을 컨트롤함으로써 어떤 경우는 따뜻한 마음으로 어떤 경우는 냉철한 마음으로 때와 장소에 걸맞은 정으로 표현되는 것이다. 이러한 경우 뜻은 성실해지고 그 결과는 마음을 바르게 잡는 것이니, 결국 나를 위한 삶의 밑거름이 된다.

나를 위한
삶을 살아야 한다

나를 위한 삶을 위한 공부를 위기지학^{爲己之學}이라고 한다. 이 용어에서 자기를 위한다는 것을 잘못 생각하면 나만을 위하고 다른 사람은 안중에 없는 것으로 이해할 수 있다. 그러나 이 용어의 바른 뜻은 자신의 마음속에 있는 뜻을 성실히 하여 마음을 바르게 다잡아 '자신의 인격 완성을 위한 것'을 말한다.

이와 상대되는 의미의 용어로 위인지학^{爲人之學}이 있다. 이 용어에서 남을 위한다는 것은 남을 위하여 헌신하고 자신보다 남을 먼저 생각해주는 배려가 있다는 것이 아니라, 남이 자신을 좋게 생각해야만 한다는 생각에서 '남에게 잘 보이기 위한 것'을 의미한다.

《논어》헌문^{憲問}편 제25장을 보면 위기와 위인에 대한 내용이 나온다.

子曰 古之學者 爲己 今之學者 爲人
자 왈 고 지 학 자 위 기 금 지 학 자 위 인

공자가 말씀하시기를 "옛날에 배우는 사람들은 자신을 위하였는데, 지금 배우는 사람들은 남을 위한다."라 하였다.

위의 내용에서 '옛날에 배우는 사람들'이란 요순 임금과 주나라의 문왕, 무왕이 다스린 태평성대 때 왕을 비롯한 지식계층을 의미하며, '지금 배우는 사람들'이란 춘추시대의 위계질서가 무너지고 백성이 살기 힘들어진 시기에 권력에 빌붙어 출세하려고 글을 배우는 사람들을 말한다.

이 내용에 대하여 정자程子는 다음과 같이 말하였다.

程子曰
정 자 왈
古之學者 爲己 其終至於成物
고 지 학 자 위 기 기 종 지 어 성 물
今之學者 爲人 其終至於喪己
금 지 학 자 위 인 기 종 지 어 상 기

정자가 말씀하시기를 "옛날에 배우는 자들은 자신을 위하여 끝내 남을 완성시켜주는 것에 이르렀고, 지금 배우는 자들은 남을 위하여 끝내 자신을 상실하게 되는 것에 이르렀다."고 하였다.

따라서 위기지학은 인격수양을 통하여 천명에 의하여 부여받은 명덕을 밝히기 위한 공부를 말하며, 위인지학은 남에게 잘 보임으로써 자신의 출세와 영달을 위한 지식에 편향된 공부를 말한다. 그렇기 때문에 위기지학은 자신이 알게 된 지식을 실천으로 옮기기 위하여 뜻을 성실히 하고 마음을 바르게 하여 자신이 먼저 선한 행위를 하고자 하는 지행일치의 공부이다. 이에 반해 위인지학은 자신이 알고 있는 지식을 머리로만 이해하고 그것을 자신을 위한 변명과 남에게 잘 보이려는 교언영색의 수단으로 쓰기 위하여 지식만을 습득하는 공부이다.

결국 위기지학을 하는 사람은 군자이고, 위인지학을 하는 사람은 소인이라는 말이다. 《논어》 헌문憲問편 제7장을 보면 다음 내용이 있다.

子曰 君子而不仁者 有矣夫 未有小人而仁者也
자 왈 군 자 이 불 인 자 유 의 부 미 유 소 인 이 인 자 야

공자가 말씀하시기를 "군자이면서 인仁하지 못한 자는 있어도 소인이면서 인仁한 자는 있지 않다."라 하였다.

자신의 명덕을 밝히고자 하는 사람이어도 순간적으로 정이 과도하게 치우쳐 기울어짐에 따라 성이 작용하지 못하는 때가 있다. 그것은 인仁한 행동을 잠깐 사이에 못하는 경우이다. 이럴 때는 부단히 수신에 정진함으로써 점점 명덕을 더 밝게 해나가야

한다. 따라서 위기지학의 가장 중요한 기초는 수신이며, 수신이
란 뜻을 성실하게 함으로써 마음을 바르게 하는 것이다.

 대학 전문 7

이른바 "수신은 자신의 마음을 바르게 하는 것에 있다."는 것은
몸에 성내고 노여워하는 바가 있다면 그 바르게 하는 것을 얻을
수 없으며, 두려워하고 염려하는 바가 있다면 그 바르게 하는 것
을 얻을 수 없으며, 좋아하고 바라는 바가 있다면 그 바르게 하
는 것을 얻을 수 없으며, 근심하고 걱정하는 바가 있다면 그 바
르게 하는 것을 얻을 수 없는 것이다. 마음에 있지 않으면 보아
도 보이지 않으며, 들어도 들리지 않으며, 먹어도 그 맛을 알지
못한다. 이것이 "수신은 자신의 마음을 바르게 하는 것에 있다."
는 것을 말한다.

所謂修身 在正其心者 身(心)有所忿懥 則不得其正 有所恐懼
소 위 수 신 재 정 기 심 자 신 심 유 소 분 치 즉 부 득 기 정 유 소 공 구
則不得其正 有所好樂 則不得其正 有所憂患 則不得其正
즉 부 득 기 정 유 소 호 요 즉 부 득 기 정 유 소 우 환 즉 부 득 기 정
心不在焉 視而不見 聽而不聞 食而不知其味 此謂修身 在正其心
심 부 재 언 시 이 불 견 청 이 불 문 식 이 부 지 기 미 차 위 수 신 재 정 기 심

"수신은 자신의 마음을 바르게 하는 것에 있다.'는 것은 몸에

성내고 노여워하는 바가 있다면 그 바르게 하는 것을 얻을 수 없으며, 두려워하고 염려하는 바가 있다면 그 바르게 하는 것을 얻을 수 없으며, 좋아하고 바라는 바가 있다면 그 바르게 하는 것을 얻을 수 없으며, 근심하고 걱정하는 바가 있다면 그 바르게 하는 것을 얻을 수 없는 것이다."는 다음과 같은 의미이다.

성내고 노여워하는 마음이 있으면 그것을 해소하려는 방향으로 마음이 기울어지게 되고, 두려워하고 염려하는 마음이 있으면 그것을 피하려는 방향으로 마음이 움직이며, 좋아하고 바라는 마음이 있으면 그것을 좇는 방향으로 마음이 움직이고, 근심하고 걱정하는 마음이 있으면 그것을 해결하려는 방향으로 마음이 움직이게 된다. 그렇기 때문에 중용을 잃고 마음을 바로잡을 수 없게 된다는 것이다.

《논어》안연顔淵편 제21장에는 다음과 같은 내용이 있다.

樊遲從遊於舞雩之下 曰 敢問崇德修慝辨惑 子曰 善哉 問
번지 종유 어무우지하 왈 감문 숭덕 수특 변혹 자왈 선재 문
先事後得 非崇德與 攻其惡 無攻人之惡 非修慝與 一朝之忿
선사 후득 비숭덕여 공기악 무공인지악 비수특여 일조지분
忘其身 以及其親 非惑與
망기신 이급기친 비혹여

번지樊遲가 공자를 따라 무우舞雩의 아래에 갔을 때 말하기를 "감히 덕을 높이고 간특한 것을 닦고 미혹한 것을 분별하는 것에 대하여 묻겠습니다."라 하였다. 공자가 말씀하시기를 "좋구나, (너

의) 질문이여. 일을 먼저 하고 얻는 것을 뒤에 하는 것이 덕德을 높이는 것이 아니겠는가? 자신의 악惡을 다스리고 남의 악을 다스리지 않는 것이 간특함을 닦는 것이 아니겠는가? 하루아침의 분노로 자신을 망각하고 (그 화禍가) 자신의 부모에게까지 미치게 하는 것이 미혹迷惑됨이 아니겠는가?"라 하였다.

이와 같이 자신이 얻을 것을 생각하는 것은 좋아하고 바라는 것이고, 얻지 못할 것을 생각하는 것은 두려워하고 염려하는 것이다. 또한 남의 악을 다스리는 것은 성내고 노여워하는 것이다. 덕을 높이고 간특한 것을 닦는 것이 바로 수신하는 모습이다. 마음이 바르게 되고 수신하게 되면 명덕이 밝아지기 때문에 덕을 높이는 것이 되고, 간특한 것을 없애버리는 것이 마음을 바르게 가지는 것이다.

마음이 바르게 되면 자신에게 어떤 상황이 닥쳤을 때 미혹되지 않는다. 마음이 바르지 못하기 때문에 미혹하는 마음이 생기고 결국 분노를 조절하지 못하게 되는 것이다. 현대사회에서는 분노조절장애로 인한 사회문제가 자주 발생하고 있다. 분노조절장애란 어떤 정신적 고통이나 충격을 받은 이후 그에 대한 트라우마로 상대방에게 부당한 감정을 느끼거나, 자신을 모멸한다고 생각하고, 좌절감이나 무력감 등이 작용함으로써 분노를 다스리지 못하고 폭력성향을 드러내는 증상이다.

이러한 장애로 인하여 이웃 간의 사소한 갈등이 쌍방 폭력으로 변하고, 우연히 마주치는 불특정한 사람을 흉기로 해치는 '묻지마 폭행'이 빈번히 발생하고 있다. 이러한 정신적 문제는 학교에서 자신의 마음을 다스리는 인성 교육보다 입시 위주의 지식 습득 교육만을 가르치기 때문에 생긴다.

이러한 교육으로 사회에서 성공한 사람들은 겉으로는 학식이 있고 훌륭한 모습을 하고 있지만 내면은 자신을 다스리지 못하는 경향이 있다. 교수나 높은 관직에 있는 사람들이 연루된 성희롱 사건이 자주 발생하는 것도 그 때문이다. 현재 우리나라 교육 시스템은 소인 양산 시스템이나 다를 바 없다. 그래서 아직도 부정부패의 만연이 일상화된 사회가 되어버린 것이다.

한편, 연예인들이 공황장애를 앓는다는 소식도 자주 들려온다. 공황장애란 특별한 이유 없이 어떠한 상황에 맞닥뜨렸을 때 예상치 못하게 나타나는 극도의 불안 증상을 말한다. 아무 이유 없이 공포심이 느껴지고, 심장이 필요 이상으로 빨리 뛰거나 가슴이 답답하고 숨이 차며 땀이 나는 등의 신체 증상이 동반되면서 죽음에 이를 것 같은 극도의 불안 증상이 나타나는 것이다. 이 증상에 대하여 의학적으로는 뇌전달물질의 이상을 원인으로 보고 있다. 따라서 치료는 그러한 전달물질을 제어하는 방향으로 해야겠지만, 그 물질을 만들어내는 주체가 사람의 마음이기 때문에 마음을 닦는 공부를 하는 것이 공황장애를 예방하는 길이 될 것이다.

공황장애는 광장공포증이라고도 하는데, 이는 백화점이나 기

차역 등의 공공장소에 혼자 있게 되는 것을 두려워하는 증상으로서 불안장애와 유사한 점이 있다. 불안장애는 비정상적인 불안과 공포로 일상생활에서 장애를 일으킨다. 불안과 공포는 정상적인 정情의 움직임이지만, 과도한 불안과 공포는 정신적 고통과 신체적 이상을 초래한다. 두통, 호흡과 심장박동의 증가, 위장장애 등이 발생하여 가정과 학교, 직장 등에서 일상적인 사회 활동을 하는 것이 어려워지며 사회공포증이나 강박장애 등이 나타난다.

때에 따라 특정한 동물 또는 높거나 폐쇄된 공간에 대한 공포증으로 나타나는 경우도 있다. 이것 역시 공황장애처럼 뇌의 문제로 보지만, 사회심리학적 측면과 사고나 재해와 같은 과거 경험에 따른 것도 하나의 원인으로 본다. 이때 인간이 만든 재해와 사고 등의 원인을 제공하는 사람들은 소인들이다. 인성이 제대로 키워지지 않은 채 지식만 습득하여 일정한 지위에 오른 사람들은 책임감이 부족하고 업무를 안일하게 처리함으로써 인재人災를 낳기 때문이다.

또한 공황장애나 불안장애 등은 남에게 보이는 자신의 모습을 민감하게 받아들이는 데서 기인하는 경우가 많다. 이러한 증세가 특히 연예인들에게서 자주 나타나는 이유는 직업 자체가 자신의 재능을 남에게 보여주는 일이고, 사생활이 빈번히 노출되며, 온라인상에서 불특정 다수에게 비난과 악담을 듣는 경우가 흔하기 때문이다.

이러한 사회적 불안 증세는 '오타구otaku'라 불리는 사람들도 만들어냈다. 오타쿠는 일본에서 처음 쓰이기 시작한 신조어로 애니메이션, SF영화 등 특정 취미·사물에는 깊은 관심을 보이지만 그 외 다른 분야의 지식이 부족하고 사교성이 결여된 인물을 가리킨다. 이들은 애니메이션의 이성異性 주인공을 애인으로 생각하는가 하면 그 애니메이션 주인공을 실제 인물로 대하는 성향을 보이기도 한다. 초기에는 부정적 의미로 쓰였으나 요즘은 점차 범위가 확대되어 특정 취미에 강한 사람이나 마니아 수준을 넘어선 특정 분야의 전문가 등을 가리키는 긍정적인 의미도 포괄하고 있다. 그러나 어떤 일에 정상적인 수준을 넘어 광적狂的으로 몰두하는 사람을 지칭한다는 점에는 이견이 없다.

우리 주변에는 이러한 심리적 장애증상에 시달리는 사람들이 많다. 모두 인간관계 때문에 발생하는 것은 아니지만, 원인의 일부를 제공하는 사람들과 그 장애를 앓는 사람들이 모두 위기爲己가 아니라 위인爲人에 신경을 쓴 결과이기도 하다. 자기를 위한다는 것은 유가의 경전에서 볼 때 자신의 인격 완성을 위한 것이지만 진정으로 자신을 사랑하는 것도 포함되어야 한다. 왜냐하면 앞에서도 언급했듯이 정이 없이는 성도 무용지물이며, 성이 없이는 정이 제어될 수 없기 때문이다.

따라서 사람은 즐기는 인생을 살아야 한다. 인생을 즐기려면 거리낌이 없어야 한다. 이는 안하무인眼下無人 식으로 거리낌이 없는 것이 아니라 자신의 행동에 부끄러움이 없고 정정당당한 마음이 있어야 한다는 의미로 마음을 바로잡는 수신에 의하여 가능하다.

그런데 수신이 마음에 국한되어서는 안 된다. 건강한 정신은 건강한 육체에서 나오기 때문이다. 육체가 허약하고 병약하면 정신력도 그만큼 약해질 수밖에 없다. 그것은 마음이 육체의 주인이지만 육체의 호불호好不好에 따라 마음이 움직이며, 그것을 관장하는 것은 성정性情 가운데 정情이기 때문이다.

육체의 단련은 정신과 일치시키는 것이 좋다. 태권도 등 무술을 연마할 때 기氣를 모으는 활동이나 축구와 같이 공을 다루는 운동은 공과 내가 하나가 되는 물아일체物我一體의 느낌을 알아야 한다. 우리 몸에는 반드시 일정량 이상의 근육이 있어야 한다. 그래야 신진대사가 원활해지고 관절과 힘줄을 보호해 몸의 건강을 유지해주기 때문이다. 따라서 우리 몸의 건강을 위해서는 먼저 근육을 키워야만 한다.

그런데 요즘은 남에게 보여주기 위한 근육이 많다. 이러한 방법으로 근육을 키우게 되면 영향섭취의 불균형을 초래하여 오히려 건강을 해칠 수도 있다. 남에게 보여주기 위한 근육을 만들려면 수분의 섭취도 제한하고 지방과 탄수화물의 섭취를 극단적으로 제한하기 때문에 에너지원의 섭취 부족과 정신적 스트레스로 몸에 무리를 주게 된다.

따라서 더욱더 강한 정신적 수신과 신체 건강을 위하여 필요한 운동도 수신의 일부이다. 물론 이 운동은 남에게 보여주기 위한 위인爲人의 운동이 되지 말고, 자신의 수신에 도움이 되는 위기爲己의 운동이 되어야만 한다.

"마음에 있지 않으면 보아도 보이지 않으며, 들어도 들리지 않으며, 먹어도 그 맛을 알지 못한다. 이것이 '수신은 자신의 마음을 바르게 하는 것에 있다.'는 것을 말한다."는 다음과 같은 의미이다.

마음에 있는 것은 몸을 통하여 행동하게 만든다. 그렇기 때문에 관심 있는 것에 자연히 눈이 가고 귀를 기울이게 되어 합당한 판단을 하게 되며, 음식의 참다운 맛도 느끼게 되는 것이다. 또한 마음을 바르게 하지 못하면 어떠한 일을 보고 듣고 경험할 때 그 일의 옳고 그름을 판단할 수 있는 능력을 상실하게 된다.

그렇기 때문에 마음을 바르게 한다면 평소에 보는 것과 듣는 것 등을 비롯하여 모든 일상생활에서 겪는 큰일에서 사소한 일까지 바르게 행동하게 되며, 그러한 일에서 또 다른 격물치지를 할 수 있게 된다는 것이다.

사람이 살아가는 데 음식으로 배를 채우고 지식으로 머리를 채우는 것을 중요하게 생각할 수 있으나, 가장 중요한 것은 수신으로 가슴을 채우는 일이다. 유가의 고전에서 인의예지를 강조하고, 성리학에서는 성性이 정情에 가려져 문제가 발생한다고 하기 때문에 정을 제거하고 성으로 나아가는 것을 수신으로 생각할 수 있다. 그러나 이것은 정으로 움직이는 인간의 본능이 성으로 잠재해 있는 인간의 본성을 누르는 것을 경계하기 위한 것으로서 표준을 제시하는 원론적 이야기일 뿐이다. 따라서 가슴은 곧 마음으로서 성과 정으로 이루어져 있기 때문에 둘 다 중요하고, 성과 정 사이의 균형을 유지하는 중용을 세우는 것이 필요하다.

격물치지부터 수신까지의 내용을 정리해보면 다음과 같다.

사람이 수많은 사물과 접하는 격물을 하면서 그 움직임과 원리에서 인간이 본보기로 삼아야 할 것을 깨닫는 과정이 치지이다. 이러한 격물치지에 의하여 알게 된 지식을 몸으로 실천할 수 있도록 올바른 일은 이성을 좋아하듯 기꺼이 행하려 하고, 올바르지 못한 일은 더러운 것을 피하듯 회피하여 뜻을 성실하게 함으로써 마음을 바로잡는다. 그러한 마음은 감정을 본성이 제어함으로써 가능하게 된다. 이와 같은 결과로 희로애락과 같은 감정에 의하여 발생하는 과도한 걱정과 분노, 마음을 흔드는 미혹됨을 본성에 의하여 발생하지 않게 하는 것이다.

이러한 일련의 과정이 수신의 과정이다. 수신이 제대로 이루어지면 상대방을 배려하는 마음이 생기며, 그러한 마음을 가지고 실천하는 과정이 자신을 위한 것이 된다. 한편, 상대방을 위한 배려로 질서가 유지되는 사회가 이룩되면 자신이 행복한 사회에 살게 되는 이익으로 돌아오기 때문에 이것 또한 결과적으로 자신을 위한 것이 된다.

이와 같은 해석은 위기지학의 원론에서 확대된 해석으로 볼 수 있으나 이룩하기 어려운 원론만 반복하면 결코 도달할 수 없는 무지개와 같은 환상에 불과하므로 현실적인 공부가 될 수 없다. 진정으로 자신을 위한 위기지학은 과정과 결과 모두 자신을 위한 것이 되어야만 한다. 수신의 과정에서는 자신의 이익을 고려하는 사적인 마음이 없지만, 결과적으로는 자신에게 이익이 돌아오게 되는 것이 수신이라는 것을 잊지 말아야 한다. 이러한 수신에 의하여 인간관계에서 본격적인 실천이 이루어져야 한다.

제4부

혜안慧眼을 가지고
인간관계를 하라

봄의 18도와
가을의 18도는 다르다

　격물치지의 가장 기본적인 것이 원형이정에 의하여 사시^{四時}
와 사방^{四方} 그리고 인간의 생명과 본성이 생성된 것이라고 하였
다. 앞에서 예로 들었던 자연을 벗 삼고, 독서를 하고, 인터넷을
이용한 간접 격물치지를 하는 것은 기본적인 격물치지에 의하
여 알게 된 "자연의 질서와 같은 인간의 질서를 유지해야만 한
다."는 대원칙을 이루기 위해 다양한 관계에서 자신을 수신함에
있다.

　성의^{誠意} · 정심^{正心}을 통하여 수신을 이루고 본격적인 인간관계
에서 활용하는 도가 바로 충서^{忠恕}이다. 《논어》이인^{里仁}편 제15장
에는 충서에 대한 내용이 다음과 같이 언급되어 있다.

　子曰 參乎 吾道 一以貫之 曾子曰 唯
　자 왈 삼 호　오 도　일 이 관 지　증 자 왈　유

子出 門人問曰 何謂也 曾子曰 夫子之道 忠恕而已矣
자 출 문 인 문 왈 하 위 야 증 자 왈 부 자 지 도 충 서 이 이 의

공자께서 말씀하시기를 "삼參[21]아, 우리의 도는 하나로써 그 도
를 꿰뚫는다."라 하자, 증자가 "예." 하고 답하였다.
공자께서 나가자 문인이 "무엇을 말씀하시는 것입니까?" 하고 물
으니, 증자는 "선생님의 도는 충서忠恕일 뿐이다." 하고 말하였다.

위의 내용에서 공자의 도는 충서를 중심으로 수신하고 인간관
계를 유지한다는 것을 알 수 있다. 충忠이란 '진기盡己'라고 하여
자신의 마음을 참되게 다하는 것을 말하며, 마음과 실천의 적극
성을 의미한다. 그렇기 때문에 충의 의미가 포함된 용어도 다양
해서 충성忠誠, 충실忠實 등 자신의 참된 마음을 다하여 성실하게
행동하는 데 많이 쓰이고 있다. 또한 논어에서는 충신忠信으로 엮
어 설명하기도 하는데, 충의 마음이 상대방에게 신뢰를 갖게 하
기 때문이다.

서恕는 자신의 마음이 참된 것을 바탕으로 어떠한 일에 좋아
하고 싫어하는 것을 생각하여 남의 입장에 서서 행동하는 것을
말하며, 자신의 행동을 규율하고 자제하는 것을 의미한다.

《논어》위령공衛靈公편 제23장에는 충서에 대한 설명이 다음과
같이 언급되어 있다.

---

21 증자(曾子)의 이름이다.

子貢問曰 有一言而可以終身行之者乎
자 공 문 왈 유 일 언 이 가 이 종 신 행 지 자 호

子曰 其恕乎 己所不欲 勿施於人
자 왈 기 서 호 기 소 불 욕 물 시 어 인

자공子貢이 "한마디 말로써 종신토록 행할 만한 것이 있습니까?"
하고 묻자, 공자가 말씀하시기를 "바로 서恕이다. 자신이 하고자
하지 않는 것을 남에게 베풀지 말아야 한다."라 하였다.

　내가 싫은 것은 남도 싫은 법이다. 이는 자신이 좋아하는 음
식 또는 싫어하는 음식과 같이 주관적인 것을 말하는 것이 아니
라 바로 천도에 의하여 만들어진 인간 본연의 성품이 싫어하는
것으로서 상식적이고 보편적인 것을 의미한다. 결국 충서란 성
의·정심을 통하여 발휘되는 수신의 결과이다.

　충서는 나와 남이 천명에 의하여 탄생되었으므로 '질서를 유
지하고 생명을 보전시키는 것이 선한 것'이라고 생각하듯 같은
점도 있고, 다양한 사물이 존재하는 것처럼 '나와 남이 다른 점
도 있기 때문에 이것을 인정하는 것'에서부터 시작된다. 이것을
이해하기 위해서는 사시와 사방이 만들어지고 다양한 사물이
만들어지게 된 음양陰陽의 원리를 깨달아야 한다.

　디지털 공학에서는 0이 음이고 1은 양이다. 양은 하늘, 음은
땅으로 가장 기본적 성질로 생각하여 시간과 공간, 물질적 측면
에서 음과 양에 대한 상대적 개념이 다양하게 존재한다.

시간적인 면에서 앞선 것은 양이고 뒤에 있는 것은 음이며, 빠른 것은 양이고 느린 것은 음이다. 공간적인 면에서 위로 향하는 것은 양이고 아래로 향하는 것은 음이며, 확산되는 것은 양이고 응축되는 것은 음이다. 시각적인 면에서 밝은 것은 양이고 어두운 것은 음이며, 맑은 것은 양이고 흐린 것은 음이다. 체감적인 면에서 따뜻한 것은 양이고 추운 것은 음이며, 건조한 것은 양이고 습한 것은 음이다. 물질적인 면에서 강한 것은 양이고 부드러운 것은 음이며, 생물학적인 면에서 남자는 양이고 여자는 음이며, 새는 양이고 물고기는 음이다. 그 밖의 동적인 것은 양이고 정적인 것은 음이며, 정신은 양이고 육체는 음이다.

이러한 음양의 특성 변화는 천도의 변화에 따라 함께 변화하여 다양한 우주의 모습과 질서를 만들어낸다. 음양의 변화에 따른 사계절과 생명의 모습과 일정한 주기의 변화를 살펴보면 다음과 같다.

하루의 밝음은 아침에 시작된다. 아침이 되면 서서히 빛이 살아나기 시작하고 낮이 되면 최고로 밝아진다. 그 밝은 빛은 저녁이 될 때까지 서서히 밝음을 잃어가다가 마침내 밤이 되면 빛은 사라지고 어둠이 찾아온다. 어둠은 저녁부터 시작되었다가 한밤중에 최고조에 이른다. 그러나 새벽이 다시 찾아오면 어둠도 그 힘을 잃고 다시 밝은 빛이 지상을 비추게 된다.

하루의 따뜻함과 차가움도 빛의 변화와 마찬가지로 아침부터 저녁까지는 따뜻함이 주도권을 잡고, 저녁부터 새벽까지는 차가움이 주도권을 잡게 된다. 이러한 빛과 열에 의한 순환과 변화는 하루를 주기로 잠시도 쉬지 않고 반복되는 일상이다.

음양의 변화에 따라 순환 반복하는 시간의 변화는 일 년 주기도 마찬가지이다. 한 달과 일 년이라는 시간의 변화도 일정한 주기에 따라 움직인다. 하루에 밤과 낮이 생기듯이 일 년 사계절이라는 변화의 단위가 형성된다. 달의 변화도 밝음 형태의 변화로 음양이 변화하면서 일정한 주기를 갖게 된다. 시간에 따른 사시의 변화는 음양의 변화라는 것을 알 수 있다.

사시의 빛과 열이라는 음양의 변화를 통하여 생명활동 또한 그 변화에 따르는 모습으로 이루어진다. 아침과 점심, 봄과 여름은 어둠이 사라지고 빛과 열이 점점 증가하며 생명체는 성장을 지속하는 양에 속한다. 저녁과 밤, 가을과 겨울은 빛과 열이 점점 감소하고 어둠과 서늘함이 세상을 뒤덮는 음에 속한다. 우주에는 시간적으로 음이 주류를 이루는 시기가 있고 양이 주류를 이루는 시기가 있는데, 그 시기는 번갈아가며 일정한 주기로 변화를 반복하게 된다. 또한 공간적으로도 음양의 성질이 많고 적음이 발생한다. 이러한 시간과 공간의 음양의 강약에 따라 모든 생명체가 태어나고 발전하고 쇠퇴하고 소멸한다.

이상과 같이 사시에 따라 지상에서 살아가는 모든 생명체는 태어나고, 성장하고, 결실을 맺은 뒤 생명이 다하면 사라지게 된다. 그러나 한 세대를 살았던 생명은 그냥 사라지는 것이 아니다. 그 생명이 식물이라면 씨앗을 만들고, 동물이라면 새끼를 낳아 자손이 같은 주기의 생을 이어가게 한다.

그런데 다음 세대의 주기는 이전 세대와 같은 생을 반복하는 데 그치지 않는다. 부모 세대의 생명은 자양분으로 작용하여 다음 세대를 이어 나가는 밑거름이 된다. 부모 세대의 경험은 자식 세대에게 이전되어 진화라는 발전을 이룬다. 주변환경에 잘 적응한 생명체는 지속적으로 발전을 이루는 반면, 이에 적응하지 못하고 잘못 진화한 생명체는 도태되어 소멸해버린다. 우주에 존재하는 만물은 획일적이고 단순한 반복주기를 가지는 것이 아니라, 발전적일 수도 있고 퇴화적일 수도 있는 변화를 동반하며 다양한 변화를 해나간다.

예를 들어 빛과 열이라는 음양이 사계절의 변화에 따라 식물의 양적인 모습인 탄생과 성장, 음적인 모습인 소멸을 살펴보면 다음과 같다.

씨앗에서 싹이 난 뒤에 여린 잎은 하루가 다르게 자란다. 이 시기는 식물의 일생에서 봄이 된다. 잎은 시간이 지남에 따라 무성하게 자라 울창한 숲을 이루며, 이 시기는 식물의 일생에서 여름이 된다. 봄과 여름에 꽃이 피어나고 꽃은 벌과 나비에 의하여 수정된다. 수정된 꽃은 열매를 맺고, 다음 세대를 잉태한 식물은 그해에 할 일을 마무리하며 단풍이 들거나 시들어버린다. 이 시기는 식물의 일생에서 가을이 된다. 다년생식물은 잎이 모두 떨어져 앙상한 가지만 남고, 일년생식물은 생명을 다하고 흙으로 돌아가 다음 세대를 위한 거름이 된다. 이때 땅에 떨어진 씨앗은 다년생식물의 뿌리와 함께 다음 해 봄을 기다리며 혹독한 겨울을 이겨낸다. 이 시기가 식물의 일생에서 겨울이 된다.

사람의 일생도 생로병사의 측면에서 사계절과 음양 주기를 비교해보면 다음과 같다.

태어나서 어린 시절을 보내는 시기가 봄이라면, 가장 왕성하게 활동하는 청년 시기는 여름이 된다. 장년이 되어 자신이 젊은 날에 노력한 데 대한 결과를 얻는 시기는 가을, 몸과 정신이 기운을 잃고 죽음에 이르는 노년 시기는 겨울이 된다.

역사적으로 한 국가도 사계절과 발전·쇠퇴라는 음양의 변화 주기로 보면 다음과 같다.

겨울과 같은 사회 혼란을 진압하고 새로운 나라가 봄의 새싹처럼 피어난다. 그 나라는 점점 국력이 강성해져서 주변 나라를 정벌하고 제후국으로 삼는데, 이 시기가 여름이 된다. 국력과 경제력이 강해지면 문화가 결실을 맺고, 그 모습은 가을과 같다. 그러나 보름달이 다시 하현달과 그믐달로 기울어지듯 풍족함이 극에 달하면 쇠퇴하고 다시 사회가 혼란해져 마침내 그 나라는 겨울처럼 빛이 약해져 소멸한다. 그리고 그 혼란의 시기에 다시 뜻있는 사람들이 모여 새로운 국가의 탄생을 위한 기틀을 마련하게 된다.

자연과 환경의 변화에 따라 생명체는 생명의 음양 변화를 맞지만, 후손을 통하여 생명을 이어 나가기 위하여 음양이 교역함으로써 자손을 잉태시킨다. 즉, 양의 성질인 남성의 정자와 음의 성질인 여성의 난자가 만나 새 생명을 잉태하는 것이다. 새 생명은 부모의 경험에 의한 유전자를 물려받아 진화를 거듭하는데, 이것을 음양의 교역交易이라 한다.

생명체뿐만 아니라 사회구조와 인간의 문명도 음양의 교역으로 새로운 형태로 형성, 발전된다. 사회적 현상으로 보면 상대적으로 양의 성질인 자본주의와 음의 성질인 사회주의가 만나 북유럽식 복지자본주의가 탄생하였고, 음의 성격인 아날로그 방식의 카메라와 양의 성격인 디지털 기술이 결합하여 DSLR 카메라라는 문명의 이기를 탄생시켰다.

이와 같은 음양의 사시 변화와 사방의 존재를 이해하고 그러한 음양의 변화를 본받아 사람의 마음속 인의예지라는 성을 외면적으로 드러나는 정과 교역시켜서 마음을 다잡아 생물이 진화하듯 발전시키는 것이 명덕을 밝히는 것이다. 따라서 우주와 자연의 음양 변화에 따른 질서와 생명활동을 알고, 인간관계에서 질서를 유지해야 한다는 보편적 진리를 이루기 위하여 뜻을 성실하게 하고 마음을 바로잡는 것이 충忠인 것이다.

한편, 음은 항상 음으로, 양은 항상 양으로 절대적 모습을 보이는 것은 아니다. 얼음은 고체로서 딱딱하고 외부 힘에 강한 성질을 지니며, 물은 액체로서 부드럽고 외부 힘에 약한 성질을 지닌다. 이러한 물질적 특성을 볼 때 얼음은 양이고 물은 음이다. 그런데 온도 면에서 보면 상대적으로 온도가 낮은 얼음이 음, 온도가 높은 물은 양이 된다.

온도 변화에 따른 물의 세 가지 변화를 살펴보면 또 다른 음양의 모습을 볼 수 있다. 물은 얼음에 비해 활동적이기 때문에 양이 되지만, 수증기와 비교할 때는 활동성이 수증기보다 못하여 음이 된다. 따라서 음과 양은 절대적 모습이 아니라 항상 상대적이다.

어떠한 현상이나 사물은 지금 마주하는 상대에 따라 음이 되기도 하고 양이 되기도 한다. 처음에는 간단히 음과 양으로 시작했지만 시간의 변화와 상대와의 관계 속에서 세상의 모든 사물은 복잡해진다. 따라서 세상의 복잡한 변화와 상호관계를 풀어나가기 위해서는 가장 단순한 음양 관계로 이해하는 것이 효과적일 수 있다.

이와 같이 사람 관계에서도 상대에 따라 내가 양이 될 수도, 음이 될 수도 있다는 것을 알아야만 한다. 내가 양이고 상대방이 음일 때는 상대적으로 내가 음일 때를 생각하여 배려하는 마음을 가져야 한다. 이것이 바로 서恕이다.

사시의 변화와 그에 따른 생명의 변화는 모두 음과 양의 변화라고 하였다. 단순히 생과 사, 성장과 노쇠라는 변화는 양이 발전하면 음이 쇠퇴하고 음이 발전하면 양이 쇠퇴하는 음양 대립의 모습이다. 그러나 음과 양을 대립 관계로만 보는 것은 음양의 진정한 모습을 보는 것이 아니다. 한여름의 뜨거운 열기를 식히지 못하면 이 세상의 생명체는 살아갈 수 없으며, 여름이라는 계절도 존재할 수 없다. 마찬가지로 한겨울의 추위를 녹이지 못하면 생명체가 살 수 없는 환경이 되고 겨울이라는 계절도 다시는 존재할 수 없게 된다.

이와 같이 음양이 서로 제어해주지 못하면 양은 발산되어 완전히 소멸되고 음도 응축되어 소멸된다. 반면 음양이 번갈아 순환할 때는 음의 시기에 양이 완전히 소멸하는 것이 아니라 음 안에 존재하며 다음 순환을 준비하게 된다. 이것은 양의 시기에 음도 마찬가지이다. 이처럼 음과 양은 대립하면서도 서로 보완하고 의존하는 성질이 있다.

이와 같은 음양의 관계를 거울삼아 인간관계에서 상대와 나를 대립적 관계로 인식하면 안 된다. 서로 입장이 다르고 생각하는 것이 다르다고 해서 적대시해서는 안 된다. 입장이 다른 상대방은 나의 편향된 마음을 바로잡는 기회를 주는 사람으로 생각해야만 한다. 내가 지나칠 때는 상대방에게서 스스로 억제할 수 있는 것을 배우고, 내가 모자랄 때는 상대방에게서 분발할 수 있는 것을 배워야 한다. 이것이 음양의 격물치지에 의한 것을 수신으로 인간관계에 적용할 혜안慧眼이다.

과유불급의 중용을 세우는 것은 혼자 신독할 때도 이루어져야 하지만 상대방과의 소통을 통해서도 이루어져야 한다. 《논어》 술이述而편 제21장에 다음 내용이 나온다.

子曰 三人行 必有我師焉 擇其善者而從之 其不善者而改之
자 왈 삼 인 행 필 유 아 사 언 택 기 선 자 이 종 지 기 불 선 자 이 개 지 공자가 말씀하시기를 "세 사람이 길을 갈 때 반드시 나의 스승이 있으니, (그 가운데) 선한 자를 택하여 그를 따르고 선하지 못한 자를 택하여 (그 사람의) 잘못을 고쳐야 한다."라 하였다.

나를 제외한 두 사람 가운데 나보다 선한 사람이 있다면 본받아 그 선행을 따름으로써 스승을 삼는 것이다. 두 사람 모두 선하다면 두 사람 모두 선함을 본받는 스승이 된다. 또한 한 사람이 나보다 선하지 못하다면 내가 그의 본보기가 되어 그의 잘못을 고칠 수 있게 해주는 것이고, 둘 다 나보다 선하지 못하다면 두 사람 모두에게 내가 본보기가 되는 것이다. 또한 선하지 못한 사람을 보고 나의 마음을 다잡는다면 나보다 선하지 못한 사람도 스승 역할을 하게 된다.

선은 양이고 악은 음이다. 그리고 인의예지의 길을 따라 이탈하지 않는 것과 이탈하는 것을 선과 악의 절대적 기준으로 삼는다. 이것은 불변의 진리이다. 그러나 인간관계에서는 선악의 기준이 상대적이어야만 한다. 내가 나보다 선하지 못한 사람과 상대했다고 해서 내가 항상 선한 것은 아니다. 나보다 더 선한 사람이 있기 때문에 어떤 경우에는 내가 불선일 수도 있는 것이다. 따라서 대인관계를 맺을 때는 항상 상대적으로 생각하는 것을 잊지 말아야 한다.

또한 내가 보는 관점으로 선악을 구분해서는 안 된다. 선악을 구분하는 기준은 천도와 인도에 따른 보편적 진리이다. 음양의 변화에 의하여 사시가 움직인다고 하였다. 사계절을 예로 볼 때 기온이 양으로 상승하는 봄과 여름이 있고, 음으로 하강하는 가을과 겨울이 있다. 여름은 극단적인 양의 모습이고 겨울은 극단적인 음의 모습이어서 확연하게 음양을 가릴 수 있다. 그러나 봄과 가을은 겉으로 보면 음과 양이 균형을 이루는 모습으로 나타나기 때문에 구별하기가 쉽지 않다.

예를 들어 봄의 18도와 가을의 18도는 수치상으로는 같은 온도이다. 그러나 봄의 18도는 겨울이라는 음의 기운에서 여름이라는 양의 기운의 방향으로 가기 때문에 따뜻함이 느껴지고, 가을의 18도는 양의 기운에서 음의 기운의 방향으로 가기 때문에 서늘함이 느껴진다.

즉, 봄의 18도와 가을의 18도는 온도계로 보면 같은 기온이지만, 이것을 단순하게 수치로만 보지 말고 양의 방향으로 가는 것인지 음의 방향으로 가는 것인지 판단할 줄 알아야 한다. 또 다른 측면에서 보면, 어떤 때는 따뜻함을 느끼는데 어떤 때는 서늘함을 느끼면서도 그 온도가 똑같이 18도라는 것을 알지 못할 때가 있다. 이것은 계절의 변화를 알고 바라보면 쉽게 판단하고 이해할 수 있지만 단순히 느낌이나 온도계를 보고 단편적으로 생각해서는 알 수 없다.

사람을 판단하고 충서를 행할 때도 마찬가지이다. 내 마음의 충은 사계절의 변화와 같은 인의예지의 운행이 있고 이것을 통하여 명덕을 밝혀야만 한다는 '올바른 마음'을 유지하며, 타인을 위한 배려의 서는 그러한 올바른 마음을 바탕으로 원인과 결과, 과거와 미래 등을 참고하여 사람들의 변화를 인식하고 현재 상황 등을 고려해 느끼고 판단하여 배려해야 한다. 결과적으로 홀로 있을 때 수신을 이룬 이후에야 비로소 인간관계에서 충서가 제대로 행해질 수 있으며, 그러한 충서의 실천은 가족으로부터 시작된다.

가족은
공기와 같이 소중하다

　가족은 부부를 중심으로 하여 혈연으로 맺어진 최소의 인간관계 단위로 부부, 부자父子, 군신君臣, 곤제昆弟, 붕우朋友 등 오상五常 관계의 기초가 된다. 따라서 가정에서의 바른 행실이 외부로 확장되면 바람직한 사회가 이룩된다는 것이 수신제가치국평천하이다.

　《중용》제12장에는 부부에게서 시작된 가정에서의 도가 온 세상으로 파급되는 내용이 다음과 같이 언급되어 있다.

君子之道 造端乎夫婦 及其至也 察乎天地
군 자 지 도 　조 단 호 부 부 　급 기 지 야 　찰 호 천 지

군자의 도는 부부에게서 실마리가 시작되니, 그 지극함에 미쳐서는 천지에 드러난다.

"군자의 도는 부부에게서 실마리가 시작된다."는 것은 천도의 음양의 교역과 관련이 있다. 앞에서 설명한 대로 천도는 음양의 변화로부터 시작되며, 음양이 변화하는 과정에서 음양이 교역을 하면 새로운 생명이 탄생한다. 천도에 의하여 탄생한 인간도 역시 음양의 변화와 교역에 의하여 시작되는데, 그 음양의 교역이 부부의 교역이고 이것으로 가족이 만들어진다.

부부관계에서 아버지는 양이 되고 어머니는 음이 된다. 아버지와 어머니가 결혼하고 음양의 교역이 이루어지면 새로운 생명과 한 가정이 시작된다. 그러한 가정이 모여 사회를 형성하고 다양한 인간관계를 이룬다.

과거에나 현재에나 가정에서는 예의가 기본이 되고 가장 중요하다. 그런데 외부에서는 예의 바르게 행동하다가 가정에 돌아와서는 가족에게 함부로 대하거나 상처를 주는 사람들이 의외로 많다. 이런 사람들의 마음속에는 외부 사람들에게는 잘 보이고 싶지만 정작 가족에게는 잘 보일 필요가 없다는 생각이 자리하고 있는 것이다.

《주역》계사상전繫辭上傳 제1장에 보면 다음과 같은 내용이 있다.

天尊地卑 乾坤定矣 卑高以陳 貴賤位矣 動靜有常 剛柔斷矣
천 존 지 비 건 곤 정 의 비 고 이 신 귀 천 위 의 동 정 유 상 강 유 단 의

하늘은 높고 땅은 낮으니 건곤乾坤이 정해지고, 낮고 높음으로써 펼쳐졌으니 귀천貴賤이 자리하고, 동정動靜에 항상恒常 하는 것이

있으니 강유剛柔가 판단된다.

인간이 사는 지상에서 하늘은 닿을 수 없이 높은 곳에 위치하고 있다. 그리고 땅은 우리가 발을 디디고 사는 낮은 곳에 자리한다. 건곤乾坤이란 음양을 대표하는 단어이다. 건곤의 교역과 분화의 작용으로 다양한 음양의 기운이 생성되고, 이러한 기운에 의하여 만물이 생성되는 것이다.

그런데 여기서 천존지비天尊地卑에 대하여 생각해볼 필요가 있다. 높은 곳은 닿을 수 없기 때문에 만질 수도 없고, 그곳에서 어떠한 일을 수행해 나갈 수도 없다. 낮은 곳은 언제라도 내 손으로 만질 수 있고 내가 사는 땅에서 어떠한 일을 해나갈 수 있다. 그렇기 때문에 높은 곳의 하늘은 서먹하고 낮은 곳의 땅은 친숙하다.

바로 이것 때문에 귀천貴賤이 생긴 것이다. 우리가 귀하게 여기는 금, 은, 다이아몬드, 사파이어, 루비 등과 같은 귀금속은 쉽게 만지거나 소유할 수 없어 희소가치가 있다. 그러나 흙과 물, 햇빛, 공기 등은 우리가 언제든지 만지고 소유하거나 공짜로 사용할 수 있는 것들이다. 그렇기 때문에 희소가치가 있는 것은 귀하다고 말하고, 언제나 원하면 접할 수 있는 것들은 천하다고 한다.

여기서 천존天尊이란 높은 것도 의미하고 존엄한 것도 의미한다. 존엄하다는 것은 건도乾道에 의하여 음양이 생성되고 사시와 천도가 이루어지고, 이것으로 인하여 사시와 사방이 만들어지며, 결국 만물이 생성되는 시작이자 근본이기 때문이다. 지비地卑는 낮다는 것을 의미하며, 아주 가깝게 존재한다는 비근卑近의 뜻도 있다. 따라서 천존지비는 존귀하고 비천하다는 의미가 아니라 존엄하고 비근하다는 의미로 봐야 한다.

앞의 예문 내용을 뉘앙스를 달리해 해석해보면 다음과 같다.

"하늘이 존엄하여 건이 되고 땅이 비근하여 곤이 정해지는 것이다. 그리하여 이러한 음양을 대표하는 건곤에 의하여 인간 세상에 낮고 높은 것들이 베풀어지니, 세상에 수가 적어 귀한 것과 수가 많아 천한 지위가 생겨나고, 항상 변화의 움직임과 그 변화하지 않는 것은 없다는 고정된 진리가 되었으며, 물질에는 강한 것과 약한 것이 결정되었다."

이러한 의미를 살피지 않고 천존지비를 남자는 하늘, 여자는 땅에 비유하여 남자는 존귀하고 여자는 비천하다는 잘못된 해석을 함으로써 문제가 발생하는 것이다. 음양의 법칙에 따라 양은 하늘이고 남자이며 강하고, 음은 땅이고 여자이며 약하다. 그러나 이것에 남자는 귀하고 여자는 천하다는 비약된 의미를 부여해서는 안 된다.

남자는 가족을 먹여 살리기 위하여 밖에서 사냥이나 농사일을 하고, 배를 타고 바다로 나가 일하기 때문에 항상 집에 있지 못한다. 여자는 남자가 구해온 식량과 돈을 잘 활용하고 집안일을 돌보기 때문에 항상 집에 있다. 남녀의 특성을 이 정도로 받아들이면 무리가 없을 것이다.

한편, 가족은 물과 공기, 흙과 같이 가장 가까이에 존재하며, 물과 공기가 없으면 살기 어렵듯이 가족 구성원이 없으면 삶의 보람을 느낄 수 없을 만큼 생활하기가 힘들다. 또한 땅이 우리에게 거처할 곳과 먹을 것을 베풀듯 가족은 나에게 온갖 정성을 기울인다.

따라서 가까이 있는 가족은 비근한 느낌이 들기 때문에 천하게 여겨도 무방하다고 생각하여 종종 함부로 대한다. 그러나 집 밖으로 나가서 만나는 사람들은 가족보다 멀리 있기 때문에 잘 보이려고 노력하는 일이 잦다. 바로 이것이 남존여비의 착각과 같은 맥락이며, 외부에 대하여 보이는 그러한 태도가 바로 교언영색의 모습인 것이다.

우리는 가족이 서운하게 하면 이웃이나 모르는 사람이 서운하게 할 때보다 더 큰 마음의 상처를 입는다. 그 이유는 자신을 서운하게 하는 가족의 상황을 이해하는 마음보다 자신이 가족에게 바라는 마음을 더 중요하게 생각하기 때문이다. 이러한 마음가짐도 수신이 덜 되어 생기는 것이다.

어쨌든 수신의 다음 단계로서 우리는 가족 간에 화목을 최우선으로 생각하여야 하며, 가족 구성원 간에도 기본적인 예의를 지키고 항상 친숙하게 지내야 한다는 것을 잊지 말아야 한다.

그런데 가족을 대할 때 이처럼 비천하게 대하는 것과는 상반

되게 사랑하는 감정이 지나쳐서 편벽되게 작용하는 이중적인
모습을 보이기도 한다.

대학 전문 8-1

이른바 '자신의 가정을 가지런하게 한다는 것'은 사람이 친하고
사랑하는 바에 편벽하고, 천하게 여기고 미워하는 바에 편벽하
며, 두려워하고 공경하는 바에 편벽하고, 슬퍼하고 불쌍하게 여
기는 바에 편벽하고, 오만하고 게으른 바에 편벽하기 때문에 좋
아하면서 그 악함을 알고 미워하면서도 그 아름다움을 아는 사
람이 천하에 드물다.

所謂齊其家 在修其身者 人 之其所親²²⁾愛而辟焉 之其所賤惡而辟
소 위 제 기 가 재 수 기 신 자 인 지 기 소 친   애 이 벽 언 지 기 소 천 오 이 벽
焉 之其所畏敬而辟焉 之其所哀矜而辟焉 之其所敖惰而辟焉
언 지 기 소 외 경 이 벽 언 지 기 소 애 긍 이 벽 언 지 기 소 오 타 이 벽 언
故 好而知其惡 惡而知其美者 天下 鮮矣
고 호 이 지 기 악 오 이 지 기 미 자 천 하 선 의

이 예문은 다음과 같은 의미이다.

보통 사람들은 자신의 감정에 지나치게 충실하기 때문에 중용
을 세우지 못한다. 자신이 친하고 사랑하
게 되면 그렇지 않은 사람과 차별을 두고,   22 벽(僻)과 통함.

천하게 여기고 미워하게 되면 그 사람의 좋은 부분까지 나쁘게 생각한다. 슬퍼하고 불쌍하게 생각하면 그 사람이 일어날 수 있도록 자립 기반을 만들어주는 것이 아니라 오히려 자립심을 없애는 방향으로 도와주고, 본인이 자신 있는 분야에 대하여 겸허하고 근면하게 다루지 못하고 오만하고 게으르게 행동하게 된다.

이와 같이 정情이 성性에 의하여 조절되지 못하고 편벽되게 작용하면 감정이 극단으로 치닫게 된다. 사람은 친하게 생각하면 사랑하는 마음이 강해지고 이것은 곧 집착으로 이어진다. 천하다고 생각하면 이유 없이 미워하게 되는 경우가 있는데, 학교에서 약해 보이는 아이를 집단적으로 따돌리는 일이 이에 해당한다. 이러한 행동은 약육강식弱肉強食 원리가 적용되는 짐승들의 본능과 같은 것이다.

자신의 지위에 영향력이 있는 사람을 두려워하여 과잉충성을 함으로써 부정부패가 일어나고, 슬퍼하고 불쌍하게 생각하는 마음으로 우울증이 발생하며, 오만한 마음으로 타성에 젖어 게으르게 되는 경우가 바로 극단으로 치닫는 감정이다. 편벽된 사고와 행동은 대인관계에 문제를 일으킬 수 있다.

이러한 편향적 감정은 가족에게 더 강하게 나타날 수 있으며, 특히 자식을 사랑하는 마음이 지나쳐서 편향적으로 작용할 때가 많다. 자식은 자신의 분신이며 생명을 이어 나가는 존재이기 때문에 그 애착은 세상 그 누구에게보다 더 강하게 작용한다. 다음 내용은 자식에 대한 편향된 감정을 말하고 있다.

대학 전문 8-2

그렇기 때문에 속담에 이러한 말이 있으니 "사람들이 자기 자식의 악함을 알지 못하며, 자식의 싹이 큰 것을 알지 못한다."고 하였다.

故 諺 有之曰 人 莫知其子之惡 莫知其苗之碩 此謂身不修
고 언 유지왈 인 막지기자지악 막지기묘지석 차위신불수
不可以齊其家
불 가 이 제 기 가

"사람들이 자기 자식의 악함을 알지 못하며, 자식의 싹이 큰 것을 알지 못한다."는 다음과 같은 의미이다.

'자기 자식의 악함을 알지 못하는 것'과 '자식의 싹이 큰 것을 알지 못하는 것'은 '친하고 사랑하는 바에 편벽된 것'이다. 사랑하는 바에 편벽되면 두 가지의 잘못된 판단을 하게 된다.

첫째, 사랑이 지나쳐서 다른 사람은 안중에 없고 사랑하는 사람의 말과 행동은 무조건 옳다는 착각에 빠지는 것이다. 부모들은 자식이 저지른 잘못을 인정하지 않을 때가 많다. 그래서 어린아이가 공공장소에서 제멋대로 행동할 때 자식의 기를 살린다는 명목으로 그것을 방치하는 부모를 목격하게 되는 것이다.

둘째, 지나친 사랑이 집착으로 바뀌어 사랑하는 사람을 오히려 불편하게 만드는 것이다. 자식의 미래에 대한 욕심 때문에 자식의 적성에 맞춰 노력을 기울이게 하기보다는 부모 자신이 원하는 방향으로 이끄는 경우도 많다. 이를테면 음악에 소질이 있는 자식에게 다른 과목의 공부를 강요하고, 역사에 관심이 있는 자식에게 인기학과를 권하는 부모들이다. 이런 부모는 자식에 대한 욕심으로 인해 자식이 스스로 원하는 것을 즐기면서 꿈을 키우며 살아간다면 그 분야에서 성공할 수 있다는 것을 인정하지 않는다.

자식을 너무 사랑하여 편향된 감정이 발생함에 따라 부모가 자식의 악함을 키우고 자식의 싹을 키우지 못하게 한 결과 자식이 자발성을 잃게 될 수도 있다. 이런 자식은 인성이 바르지 못하고 능력도 제대로 키우지 못하여 세상에 나가서 자생력을 발휘할 수 없다.

자기 자식의 나쁜 점을 제대로 보지 못하고 어떤 행동을 하든 좋게 받아들이는 것이 사랑이라고 착각하는 경우와 자신의 고정관념에 따라 자식의 잠재적 능력을 제대로 보지 못하는 경우, 이 모든 것은 편벽된 마음에서 비롯된다. 이것은 부모가 수신을 하지 못한 결과이다. 그렇기 때문에 자신의 명덕을 밝히지 못하고, 또한 자식에게 좋은 본보기를 보여주지 못함으로써 자식도 잠재해 있는 명덕을 밝히지 못하게 된다. 따라서 성으로 정을 제어하여 감정의 중용을 세움으로써 자식이나 타인의 입장에서 충서의 도를 실천하는 것이 무엇보다도 중요하다.

이러한 감정을 중용으로 다잡는 내용이 《논어》 팔일八佾편 제

20장에 다음과 같이 나와 있다.

子曰 關雎 樂而不淫 哀而不傷
자 왈 관 저 낙 이 불 음 애 이 불 상

공자가 말씀하시기를 "《시경》의 관저關雎는 즐거우면서 음란하지
않고, 슬퍼하면서 상하게 하지 않는다."라 하였다.

'즐거우면서 음란하다는 것'은 즐거운 기분이 지나쳐서 올바름을 잃는 것이다. 예를 들어 '훌리건hooligan'이라 불리는 영국의 극성스러운 축구 응원단은 경기의 승패와 관계없이 축구 경기가 있을 때면 난동을 부린다. 훌리건의 난동으로 인명 피해가 발생하기도 하므로 이들이 응원을 하면 늘 긴장 상태가 된다. 또한 휴가를 떠난 사람들이 흥겨운 감정에 도취되어 술을 마시고 주변 사람들과 폭행 시비를 벌이거나 안전사고를 당하는 일도 자주 벌어진다. 이것은 즐거운 감정이 지나쳐 성의 제어를 받지 못하고 충서의 배려정신이 발휘되지 못함으로써 나쁜 결과를 초래하는 모습이다.

'슬퍼하면서 상하게 하는 것'은 슬픔이 지나쳐서 조화를 깨는 일이다. 자신이 슬픈 일을 겪더라도 그 슬픔을 다른 사람에게까지 지나치게 이입시키면 전체의 조화를 무너뜨리게 된다.

자식에 대한 지나친 사랑이나 간섭은 예禮가 되지 못한다. 또한 자식을 대할 때 감정이 격해지거나 편향되어서는 안 된다. 그

렇게 되면 본인과 자식 모두 명덕을 밝힐 수가 없다. 성으로 정을 제어하여 부단한 수신을 통하여 감정의 중용을 세우고 충서에 따라 자식에 대한 예를 갖추면 비로소 부자지간의 명덕이 밝아지는 계기가 되는 것이다.

《논어》팔일八佾편 제19장에는 다음과 같은 내용이 있다.

政公問 君使臣 臣事君 如之何 孔子對曰 君使臣以禮 臣事君以忠
정 공 문　군 사 신　신 사 군　여 지 하　공 자 대 왈　군 사 신 이 예　신 사 군 이 충

노나라 정공定公[23]이 "임금이 신하에게 일을 시키고 신하가 임금을 섬길 때 어떻게 해야 합니까?" 하고 묻자, 공자가 대답하여 말씀하시기를 "임금이 신하에게 일을 시킬 때는 예禮에 따라야 하고, 신하가 임금을 섬길 때는 충忠으로 해야 합니다."라 하였다.

아버지를 섬기는 효孝는 나랏일을 할 때 임금을 섬기는 충忠이 되고, 자식을 돌보는 일은 나랏일에서 신하를 부리는 것과 같다. 그 이유는 가정의 인간관계가 사회로 파급되며, 더 나아가 나랏일에까지 유사한 관계로 확장되기 때문이다. 따라서 신하를 부리는 예禮는 가정에서 자식에게 베풀어야 하는 것이다. 그러한 예를 지켜 자식을 사랑하는 마음이 자식을 진정으로 사랑하는 자慈인 것이다.

일반적으로 예절을 지킨다고 하면 아

랫사람이 윗사람에게 공손하게 하고 형식과 절차를 따르는 것으로 생각하기 쉽다. 그러나 아랫사람이 윗사람에게 예의를 보이는 것은 약자가 강자에게 자연스럽게 할 수 있는 태도이며, 윗사람이 아랫사람을 대할 때 예의를 갖추는 것이 더 필요하다고 하겠다.

자식이나 아랫사람에게 지나치게 공손한 태도를 요구하거나 거친 말투와 행동을 보이는 것은 예가 아니다. 부모나 형의 입장에서 자식이나 동생에게 지나치게 공손함만을 요구하고 아랫사람에게 기본적인 예를 갖추지 못하면 아랫사람의 반발심을 불러올 수 있다. 그렇기 때문에 가정에서 아랫사람에게 베풀어야 하는 예가 바로 자慈이며, 윗사람을 섬기는 예가 효孝와 제悌인 것이다.

최선을 택하고
안 되면 차선을 구하라

사회조직의 기틀은 가정이라고 했다. 과거에는 부부가 중심이 되고 그 부부의 부모와 자식, 형제들로 기본적인 가정이 구성되었다. 이러한 가정의 구성은 일가를 이루어 하나의 집성촌을 형성하였으며, 이것이 사회조직으로 발전하게 되었다.

그러나 현대의 가정은 이와 다른 구조를 지니고 있다. 집성촌이라는 조직은 거의 사라졌으며, 부모님을 모시고 사는 가구도 극히 일부에 지나지 않는다. 또한 자식을 하나만 낳아 형제가 없는 외아들과 외동딸이 대다수를 차지하고, 맞벌이 부부가 늘어남에 따라 이제 더 이상 남자는 밖에서 일하고 여자는 집안일을 돌보는 시대가 아니다.

특히 혼기를 넘기고도 결혼하지 않는 미혼들이 늘어나 1인 가정이 증가하고, 개방된 성문화에 의하여 미혼모가 증가하고 있으며, 이혼과 재혼 등으로 기존의 가정환경과는 전혀 다른 모습으로 변화되었다.

이러한 환경 속에서 기존의 가족과는 다른 유형의 가족관계가 형성되고 있다. 이혼으로 인해 편부 또는 편모와 살거나, 어느 경우에는 친부모가 재혼한 사람과 함께 거주함으로써 예전에는 없었던 새로운 인간관계에서 갈등이 생겨나고 있다.

농경사회에서 산업사회로 바뀌고, 외부의 시각으로 보는 가족의 명예보다는 가족 개개인의 삶의 질을 중요하게 생각하는 것이 현대사회의 흐름이다. 이러한 사회의 변화는 어쩔 수 없다. 역易의 이치도 세상이 항상 변화하는 것을 인정하기 때문이다.

과거에 식량이 부족하고 나라가 가난할 때는 아들딸 구별 없이 둘만 낳아 기르는 것이 전체 사회를 위하여 올바른 일이었다. 그러나 지금과 같이 나라가 잘살게 되고 젊은 층이 점차 줄어드는 현실에서는 아들딸 구별하지 않고 많이 낳는 것이 사회적으로 도움이 된다. 이것이 올바른 목적을 이루고자 할 때 시대적 관점에 따른 환경의 변화에 대하여 그 적용하는 방법이 변화되는 것을 알 수 있는 사례이다.

변화한 시점에 맞추어 중용을 세우는 것이 시중時中이다. 시간의 흐름 속에서 환경과 조건이 변화하는 것은 자연의 섭리이다. 그러한 주변의 여건과 시기의 정황 등을 고려하여 실천하는 것이 시중이다. 인간관계에서 중화中和는 감정이 발생하였으나 상황에 따라 희로애락 등의 정을 인의예지의 성에 근접하도록 중절中節하는 것이라고 했다. 따라서 시중은 시간이 흐르면서 변화된 것을 성에 근접하게 중절하는 방법이다.

예를 들어 벼농사를 지을 때 가을에 씨를 뿌리고 겨울에 수확할 수는 없다. 봄에 씨를 뿌리고, 여름에는 잡초를 뽑고 햇빛과 물을 충분히 보충시켜주며, 가을이 되면 수확하고, 겨울에는 다음 해 농사를 위하여 씨앗을 저장해두는 것이 농사에 대한 농민의 시중이다. 농민이 계절마다 해야 하는 일은 각기 다르지만, 최종적으로 변할 수 없는 점은 벼를 수확하여 식량을 생산하는 것이다.

가정의 구조가 변화하더라도 인간관계에서 이루어야 할 일은 수신에 의하여 자신의 명덕을 밝혀 친민을 하는 것이다. 이것은 변하지 않는 진리이다. 따라서 성의·정심을 통하여 수신을 함으로써 스스로 명덕을 밝히고, 이것을 새로운 가족 형태에서 인간답게 풀어 나가 가정에서 친민을 이루어야만 한다. 과거 농경사회에서 존재했던 형태의 가족관계만 고집하여 그 기준에 따른 방법을 주장하면 중용에서 때에 맞추는 시중을 하지 못하는 것이다.

 대학 전문 9–1

이른바 "나라를 다스리는 것은 반드시 먼저 자신의 가정을 가지런하게 해야 한다."는 것은 자신의 가정을 가르칠 수 없으면서 타인을 가르칠 수 있는 사람은 없다는 것이다. 그러므로 군자는 집에서 나가지 않으며 나라에 가르침을 이루는 것이니, 효^{孝}는 임금을 섬기는 방법이고, 제^{弟}는 어른을 섬기는 방법이며, 자^{慈}는 무리를 부리는 방법이다.

所謂治國 必先齊其家者 其家 不可敎 而能敎人者 無之
소 위 치 국 필 선 제 기 가 자 기 가 불 가 교 이 능 교 인 자 무 지

故 君子 不出家而成敎於國 孝者 所以事君也 弟者 所以事長也
고 군 자 불 출 가 이 성 교 어 국 효 자 소 이 사 군 야 제 자 소 이 사 장 야

慈者 所以使衆也
자 자 소 이 사 중 야

"'나라를 다스리는 것은 반드시 먼저 자신의 가정을 가지런하게 해야 한다.'는 것은 자신의 가정을 가르칠 수 없으면서 타인을 가르칠 수 있는 사람은 없다는 것이다."는 다음과 같은 의미이다.

수기 이후에 안인하는 것처럼 안인의 경우도 제가 이후에 치국을 해야만 한다. 자신의 가정도 돌보지 못하는 사람이 나라를 경영할 수 없는 것은 당연하다.

"군자는 집에서 나가지 않으면서 나라에 가르침을 이루는 것이니, 효라는 것은 임금을 섬기는 방법이고, 제라는 것은 어른을 섬기는 방법이며, 자라는 것은 무리를 부리는 방법이다."는 다음과 같은 의미이다.

예전에 군주가 나라를 다스리던 때에는 가정에서 부모님에게

행하는 효를 기반으로 임금을 섬겼다. 그러나 지금 나라를 경영하는 사람들은 부모님을 공경하듯 국민에게 성심성의껏 해야만 하는 것이다.

보편적인 가정에서는 이와 같은 일이 자연스럽게 이루어질 수 있지만 이혼했거나 재혼한 부부 사이에서의 실천은 보편적 가정에서보다 어려울 수 있다. 그러나 그 어려움을 딛고 성실하게 뜻을 세워 새롭게 등장한 가족 구성원에게도 이러한 효제와 자를 베푸는 예를 행해야만 한다.

새아버지나 새어머니는 재혼한 배우자의 자식을 자기 자식처럼 사랑하고 돌봐야만 한다. 또한 새아버지나 새어머니를 모시게 된 자식들도 비록 친부모와 같지는 않겠지만 효를 행해야만 한다. 그리고 혈연관계가 아닌 의붓형제 간에도 제와 우애가 있어야 한다.

이러한 충서의 도를 행하지 않아 계부나 계모가 의붓자식을 폭행하고 학대하는 사건이 뉴스에 자주 등장한다. 그러한 일은 성이 정을 통제하지 못하고 편향된 감정에 의하여 저질러진 사건이다. 재혼이라는 행위도 행복을 위하여 선택한 일이다. 인간의 행복은 혼자서만 누릴 수 있는 것이 아니다. 현대사회는 모두가 행복하기 위해 성의 인의예지라는 사덕四德 가운데 특히 인의 마음을 발휘해야만 하는 시대이다.

한편, 가정에서 윗사람을 대할 때 나오는 공손한 태도는 자신이 속한 사회조직의 윗사람들에게 나타내야 할 자세이다. 또한 가정에서 자식을 사랑하는 마음을 사회조직에서 아랫사람들에게 행한다면 그들이 자연스럽게 자신을 따르게 될 것이다.

이러한 것에서 벗어난 대인관계는 있을 수 없다. 사람은 천도에 의하여 부여받아 누구나 지니고 있는 보편적 마음이 있기 때문이다.

대학 전문 9-2

〈강고〉에 이르기를 "적자를 보살피듯 하라."고 하였으니, 마음으로 정성스럽게 구한다면 비록 들어맞지는 않더라도 멀지는 않을 것이다. 자식을 기르는 것을 배운 이후 시집가는 사람은 있지 않다.

康誥曰 如保赤子 心誠求之 雖不中 不遠矣 未有學養子而后
강 고 왈 여 보 적 자 심 성 구 지 수 부 중 불 원 의 미 유 학 양 자 이 후
嫁者也
가 자 야

"'적자를 보살피듯 하라.'고 하였으니, 마음으로 정성스럽게 구한다면 비록 들어맞지는 않더라도 멀지는 않을 것이다."는 다음과 같은 의미이다.

'적자'는 갓난아이를 뜻한다. 갓난아이는 외부 환경에 연약한

존재이기 때문에 부모가 보살펴주지 않으면 살아남을 수 없다. 부모가 자식을 보살피는 행동은 누가 억지로 시켜서 하는 것이 아니라 사람이 본래 타고난 자식에 대한 사랑으로 이루어진다. 정성스럽게 자식을 보살피는 것이 생명을 보전하기 위한 자연의 이치인 것이다.

연약한 갓난아이를 보살피려면 잠시도 눈을 떼기가 어렵다. 갓난아이를 위험에 빠뜨릴 수 있는 것들이 주변에 많기 때문이다. 그렇기 때문에 갓난아이를 돌보는 일에는 정성을 들일 수밖에 없다.

이와 마찬가지로 명덕을 밝히는 일도 정성을 들여 해야만 한다. 사람의 정은 자신의 이익에 쉽게 편향되기 때문에 정을 유혹하는 존재가 사방에 있다. 그렇기 때문에 성을 뜻에 두고 마음을 바로잡아 정성스럽게 정을 돌봐야 하는 것이다.

"자식을 기르는 것을 배운 이후에 시집가는 사람은 있지 않다."는 다음과 같은 의미이다.

사회조직에 소속되거나 국가를 경영하는 업무를 할 때 자신의 마음을 성실하게 하고, 마음을 바르게 하는 수신을 이룬 이후 가정을 가지런하게 하고, 그 이후 그러한 실천을 넓혀서 사회조직에 확대하는 것이 합당한 순서이다. 이것을 시집간 이후에 자식을 낳고 기르는 것이 바른 순서라고 비유한 것이다.

이것은 현대사회와 같이 혼전임신이 흔하고 미혼모가 적잖은 시대에는 어울리지 않는 말처럼 들릴지 모른다. 그러나 수신 이

후에 제가가 이루어지고, 제가 이후에 치국이 이루어지는 순서
는 바뀌면 안 되는 것이다.

어쩔 수 없이 결혼 전에 아이를 임신하거나 이혼과 재혼으로
《대학》과《중용》에서 제시하는 보편적 관계의 가정 형태가 아닌
상황이 발생할 수는 있다. 그렇다고 이러한 특별한 경우를 무시
하거나《대학》과《중용》을 현실과 무관한 내용을 가르치는 책이
라고 생각해서는 안 된다.

《대학》과《중용》에서 제시하고 있는 가정 구조는 최선最善이
다. 그러나 최선이 안 될 경우에는 차선次善을 추구해야만 한다.
차선의 추구란 그 새로운 가정 구조가 원론적인 가정의 모습은
아니더라도 정을 성으로 제어하여 보편적 가정에서 실천하는
것과 마찬가지로 충서의 도를 행하는 것이다.

 대학 전문 9-3

한 가정이 인仁하면 한 국가가 인을 흥기하고, 한 가정이 겸양謙
讓하면 한 나라가 겸양을 흥기하고, 한 사람이 탐욕스럽고 어그
러지면 한 나라가 난亂을 일으키니, 그 기틀이 이와 같은 것이다.
이것이 "한마디 말이 일을 뒤집어놓고, 한 사람이 나라를 안정시
킨다."는 것을 말하는 것이다.

一家仁 一國 興仁 一家讓 一國 興讓 一人 貪戾 一國 作亂 其機如
일 가 인 일 국 흥 인 일 가 양 일 국 흥 양 일 인 탐 려 일 국 작 난 기 기 여
此 此謂一言 僨事 一人 定國
차 차 위 일 언 분 사 일 인 정 국

"한 가정이 인하면 한 국가가 인을 흥기하고, 한 가정이 겸양하면 한 나라가 겸양을 흥기하고, 한 사람이 탐욕스럽고 어그러지면 한 나라가 난을 일으키니, 그 기틀이 이와 같은 것이다."는 다음과 같은 의미이다.

한 가정은 사회조직의 기본단위이다. 이러한 인한 가정이 모여 인한 사회를 만들고 인한 국가를 일으키는 것이다. 마찬가지로 겸양한 가정이 사회를 겸양하게 만들고 겸양한 국가를 일으키게 된다. 인에 흥기하는 것은 천자天子의 가정이나 서인庶人의 가정이나 마찬가지이다.

여기서 한 사람이란 임금을 말한다. 과거 군주국가에서 임금은 무소불위無所不爲의 권력을 지니고 있었기 때문에 군주 한 사람의 인간 됨이 매우 중요하였다. 군주가 탐욕스럽고 성품이 어그러지면 백성을 괴롭히고 이웃 나라를 침범하는 등 무질서한 사회를 만들게 된다.

오늘날 군주 역할을 하는 것은 국민 개개인이다. 그러한 개인들의 생각에 따라 대통령, 국회의원 등 국가의 대표가 선출되거나 그 지위에서 물러나게 되는 것이다. 특히 요즘은 대중매체와 통신 등의 발달로 개인의 생각이 사회로 급속히 파급되는 경우가 빈번하다.

"한마디 말이 일을 뒤집어놓고, 한 사람이 나라를 안정시킨다."는 다음과 같은 의미이다.

군주의 한마디 말은 그 국가의 정책이 되고 외교가 된다. 그렇기 때문에 명덕이 밝지 못한 군주의 잘못된 말 한마디가 나라 전체의 일을 망치게 한다. 한편, 명덕이 밝아진 군주의 언행이 나라를 안정시키고 백성을 편하게 하는 것은 당연한 이치이다. 명덕이 밝아져 백성에게 본보기가 됨으로써 백성들도 감화하여 스스로 명덕을 밝히는 데 노력을 기울인다면 그 나라는 질서가 유지되고 범죄나 전쟁으로부터 안전한 나라가 되기 때문이다.

현대사회에서 군주의 한마디 말의 의미는 여론을 만드는 국민 한 사람 한 사람의 목소리가 될 수도 있으며, 국가의 중대 정책에 영향을 미치는 정치가와 관료 또는 사회적으로 영향력 있는 사람의 행동거지가 될 수도 있다. 따라서 국민으로서 한 사람은 자신의 말 한마디로 자신의 일을 망치거나 흥하게 할 수 있으며, 사회적으로 영향을 미칠 수 있는 사람의 말 한마디는 그 사람이 속한 조직이나 사회의 일을 망치게도 하고 흥하게도 한다.

예부터 구화지문口禍之門이라 하여, 입을 '재앙을 부르는 문'에 비유하고 말 한마디를 조심하도록 경계하였다. 《전당서全唐書》 설시舌詩편에 다음과 같은 내용이 있다.

口是禍之門 舌是斬身刀 閉口深藏舌 安身處處牢
구 시 화 지 문 설 시 참 신 도 폐 구 심 장 설 안 신 처 처 뢰

입은 곧 재앙의 문이요, 혀는 곧 몸을 자르는 칼이다. 입을 닫고
혀를 깊이 감추면 처신하는 곳마다 몸이 편하다.

그런데 과거에는 입이 문제였지만 오늘날에는 손가락이 문제
이다. 앞에서도 언급한 바 있지만 SNS를 통한 발언이 사회적으
로 문제가 되는 경우가 흔하다. 이것은 개인의 명예를 실추시킬
뿐만 아니라 사회적으로 큰 이슈를 만들기 때문에 국가적으로
도 시간적·경제적 손실을 가져온다. 따라서 현대사회에서는 구
화지문에 더하여 스마트폰을 조작하는 손가락이 화를 부른다는
뜻의 '지화지문指禍之門'도 경계해야 할 것이다.

이처럼 입과 혀를 닫고 조심하는 것은 마음속에 있는 것을 드
러내지 않는 것이다. 그런데 이것보다 중요한 것이 바로 언행일
치를 하는 바른 자세이다. 《논어》에는 언행일치에 대한 내용이
자주 나오는데, 다음은 그 가운데 일부이다.

子貢 問君子 子曰 先行其言 而後從之
자 공 문 군 자 자 왈 선 행 기 언 이 후 종 지

자공이 군자에 대하여 묻자, 공자가 말씀하시기를 "먼저 그 말할
것을 행하고, 이후에 그 말이 (행동을) 따르게 하는 것이다."라 하
였다.

君子名之 必可言也 言之 必可行也 君子於其言 無所苟而已矣
군 자 명 지 필 가 언 야 언 지 필 가 행 야 군 자 어 기 언 무 소 구 이 이 의

군자가 이름을 붙이면 반드시 말할 수 있고 말할 수 있으면 반드시 행할 수 있는 것이니, 군자는 그 말에 구차함이 없을 뿐이다.

앞의 글은 위정為政편 제13장에 나오고, 뒤의 글은 자로子路편 제3장에 나오는 내용이다.

군자는 말하기 전에 먼저 실행을 해야 하고, 실행한 이후에 말을 함으로써 말보다 실천을 중요하게 생각하였다. 이것은 말하기는 쉬우나 실행하기는 어렵다는 것을 의미한다. 한편, 군자는 그 명칭에 합당한 행동을 해야 하며, 말한 것은 반드시 실천에 옮겨 자신의 말에 책임을 질 수 있어야 한다는 것이다.

정리해보면, 수신한 마음가짐과 몸가짐을 가정에서부터 실행에 옮김으로써 대인관계에 원만한 행동을 해야 한다. 이러한 실행은 보편적 가정뿐만 아니라 현대사회에서 나타나는 일부 변화된 가정에서도 이루어져야 한다. 가족을 향한 마음은 편향되게 작용하기 쉬운데, 특히 자식을 향하는 마음은 더욱 그렇다. 왜냐하면 사랑하는 마음이 강하기 때문에 정이 성에 의해 제어되는 것을 힘들게 하기 때문이다. 따라서 갓난아이를 돌보듯 정성스럽게 뜻을 세우고 마음을 바르게 하는 수신이 선행되어야

가능하다.

　가정은 사회조직의 기본단위이기 때문에 가정에서의 행실이 전체 사회의 인간관계에 영향을 미치는 것은 당연하다. 그러므로 수신이 선행되고 언행일치가 되는 행동에 의하여 명덕을 지속적으로 밝혀 나가야 한다.

행복한 가정과
안정된 사회는 아름답다

　예전에 한 가정에서부터 시작된 사회는 일가一家를 이루었다고 하였다. 한 마을이 한 성씨로 이루어진 집성촌 지역이 많았다. 이러한 마을 가운데 그 일가가 선하고 인심 좋은 곳이 있는데, 그러한 곳이 제가를 이룬 마을이다.

　《논어》이인里仁편 제1장을 보면 다음과 같은 내용이 있다.

子曰 里仁 爲美 擇不處仁 焉得知(智)
자왈 이인 위미 택불처인 언득지 지

공자가 말씀하시기를 "마을이 인仁한 것이 아름다우니, 선택하여 그 인한 마을에 살지 않는다면 어찌 지혜롭다 하겠는가?"라 하였다.

여기에서 지혜롭다는 것은 본성의 인의예지 가운데 지知를 의미한다. 본성이 드러나야 인한 마을을 선택할 수 있고, 그 인한 마을이 아름답게 느껴지는 것이다. 아름다움은 눈으로 보거나 귀로 듣는 미적 감각이다. 주로 예술작품을 관람하거나 음악을 감상할 때 느끼는 감정이지만, 이러한 것만 아름답게 느껴지는 것은 아니다. 동양에서는 예부터 도덕미道德美를 중요하게 생각했다.

사람들이 인하여 선한 행동을 하고 서로 아껴주며 살아가는 모습이야말로 어떤 예술작품보다 아름답게 느껴지는 것이다. 수신에 따른 바른 마음으로 충서를 행하면 가족과 일가가 화목하다. 일가가 화목하다는 것은 일가를 이루는 사람들이 모두 사사로운 욕심을 제어하고 성으로 정을 움직여 명덕이 밝아짐에 따라 이루어질 수 있는 것이다.

《논어》자로子路편 제28장을 보면 다음과 같은 내용이 있다.

子路問曰 何如 斯可謂之士矣 子曰 切切偲偲 怡怡如也 可謂士矣
자 로 문 왈 하 여 사 가 위 지 사 의 자 왈 절 절 시 시 이 이 여 야 가 위 사 의
朋友 切切偲偲 兄弟 怡怡
붕 우 절 절 시 시 형 제 이 이

자로가 "어떤 사람이 선비다운 사람입니까?" 하고 묻자, 공자가 말씀하시기를 "간절하고 자상하여 화락和樂하면 선비라고 말할 만하니, 친구 사이에 간절하고 자상하며 형제간에는 화락하여야 한다."라 하였다.

사람들 간에 화합을 이루는 첫 단계는 바로 형제간의 우애이다. 형제는 가장 가까운 사이지만 실제 생활에서는 그렇지 않을 때가 많다. 형제간에 중화^{中和}를 이루지 못하여 화목하지 않다면 다른 인간관계에서도 화합을 이룰 수 없다. 어떤 조직에서 화합을 이루려 할 때는 인의예지에 부합하는가를 판단하고 실행하여 중화를 이루어야 한다. 서로 화합하여 살기 좋은 사회를 이루기 위하여 노력하는 의지가 진실로 강하고 용감한 자세라 할 수 있다.

《중용》제10장에 중화와 강함에 대한 내용이 다음과 같이 언급되어 있다.

君子 和而不流 强哉矯 中立而不倚 强哉矯
군 자 화 이 불 류 강 재 교 중 립 이 불 의 강 재 교

군자는 화이불류^{和而不流}를 하니, 강하다 꿋꿋함이여. 중립^{中立}하여 치우치지 않으니, 강하다 꿋꿋함이여.

"화이불류를 하니, 강하다 꿋꿋함이여. 중립하여 치우치지 않으니, 강하다 꿋꿋함이여."는 다음과 같은 의미이다.

앞에서 화^和는 희로애락이라는 감정을 성으로 조절하여 그 시점과 상황을 고려하여 중^中에 가장 근접하게 된 상태라 하였다. 그렇기 때문에 성에 맞춘다는 것은 수신에 의한 제가가 이루어짐을 말한다. 현대사회에서 일가^{一家}란 어떤 사람이 속해 있는 조

직이나 단체라고 할 수 있다. 류流는 한쪽으로 흐르는 것을 의미한다. 따라서 그 단체 안에서 편향된 움직임이 보이지 않고 구성원들 사이에서 중화가 이루어지게 되면, 이러한 불류不流의 정신이 단체와 단체 사이에서도 중화가 이루어지게 한다. 그렇게 된다면 이러한 아름다움이 사회 전체로 파급되는 것이다.

개성을 무시한 채 획일적으로 의견이 일치되거나 한 집단만을 위한 화합은 화和가 아니라 동同이다. 이러한 모습은 상대를 배려하는 충서忠恕의 모습이 될 수 없다. 《논어》 자로子路편 제23장에는 화와 동의 의미를 알 수 있는 다음 글이 있다.

子曰 君子 和而不同 小人 同而不和
자왈 군자 화 이 부 동 소 인 동 이 불 화

공자가 말씀하시기를 "군자는 화和하고 동同하지 않으며, 소인은 동同하고 화和하지 않는다."라 하였다.

소인은 명덕이 밝지 못하여 사사로운 이익에 연연하는 자이고, 군자는 사사로운 욕심에 휩쓸리기 쉬운 정을 성으로 제어하여 본원적 인의예지에 근접하려고 하는 사람이다. 따라서 동은 사사로운 욕심으로 오로지 이익을 위하여 전념하는 모습을 말한다.

화이불류和而不流는 화합하지만 휩쓸리지 않는다는 것이고, 화이부동和而不同은 화합하지만 정의로움과 상관없는 일에 무조건

동조하지 않는다는 것이다. 이 두 가지는 모두 수신에 의하여 성이 정을 조절함으로써 충서를 행하는 모습이다.

이러한 화이부동 또는 화이불류가 사회 전체로 파급되는 모습을 인한 마을로 설명하자면, 인한 가정은 인한 마을이 되고 인한 마을은 인한 사회가 되고 인한 사회는 인한 나라가 되는 것이다.

 대학 전문 9-4

요순 임금이 천하를 인으로 거느리시니 백성이 그들을 따랐고, 걸주가 천하를 포악함으로 거느리니 백성이 그들을 따랐다. 그 명령하는 바가 자신이 좋아하는 바에 반대가 되면 백성들은 따르지 않는다. 이렇기 때문에 군자는 자기에게 (선이) 있은 이후에 남에게 (선을) 요구하는 것이고, 자기에게 (악이) 없는 이후에 남에게 (악을) 비난하는 것이다. (자신의) 몸에 품고 있는 것이 서恕하지 못하면서 다른 사람을 깨우칠 수 있는 사람은 있지 않다. 그렇기 때문에 나라를 다스리는 것은 그 가정을 가지런하게 하는데 있는 것이다.

堯舜 帥天下以仁 而民 從之 桀紂帥天下以暴 而民 從之 其所令
요순 술천하이인 이민 종지 걸주술천하이포 이민 종지 기소령
反其所好 而民 不從 是故 君子 有諸己而後 求諸人 無諸己而後
반기소호 이민 부종 시고 군자 유저기이후 구저인 무저기이후

非諸人 所藏乎身 不恕 而能喻諸人者 未之有也 故 治國 在齊其家
비저인 소장호신 불서 이능유저인자 미지유야 고 치국 재제기가

"요순 임금이 천하를 인으로 거느리시니 백성이 그들을 따랐고, 걸주가 천하를 포악함으로 거느리니 백성이 그들을 따랐다. 그 명령하는 바가 자신이 좋아하는 바에 반대가 되면 백성들은 따르지 않는다."는 다음과 같은 의미이다.

요순 임금은 태평성대를 이끈 성군이고, 걸주는 나라를 망하게 하여 다른 왕조로 넘긴 폭군이다. 그 당시는 임금이 사회를 지배하던 시대였기 때문에 임금이 지배하는 지역의 사람들은 어쩔 수 없이 그의 통치에 따라야만 하였다.

성군이 다스리는 나라의 백성은 임금의 통치를 자발적으로 받아들이고 그의 영도 아래 평화로운 사회를 구축하는 일원이 된다. 그러나 백성을 괴롭히는 폭군이 다스리는 나라의 백성은 항상 임금의 통치에 불만을 품고 임금이 될 만한 인물의 등장을 기다리게 된다.

《맹자》양혜왕하梁惠王下편 제8장에 다음과 같은 내용이 있다.

齊宣王 問曰 湯放桀 武王伐紂 有諸 孟子對曰 於傳有之 曰
제선왕 문왈 탕방걸 무왕벌주 유저 맹자대왈 어전유지 왈
臣弑其君 可乎 曰 賊仁者 謂之賊 賊義者 謂之殘 殘賊之人
신시기군 가호 왈 적인자 위지적 적의자 위지잔 잔적지인
謂之一夫 聞誅一夫紂矣 未聞弑君也
위지일부 문주일부주의 미문시군야

제선왕齊宣王이 "탕왕이 걸왕을 내치고 무왕이 주왕을 정벌하였다 하니 그러한 길이 있습니까?" 하고 물었다. 맹자가 말씀하시기를 "전에 있습니다."라 하니 (왕이) 말하였다. "신하가 군주를 시해하는 것이 가可한 일입니까?" 이에 맹자가 말씀하시기를 "인仁을 해치는 자를 적賊이라 이르고, 의義를 해치는 자를 잔殘이라 이릅니다. 잔적殘賊의 사람을 일부一夫라 이르니, 일부인 주紂를 베었다는 말은 들었어도 군주를 시해했다는 말은 듣지 못하였습니다."라 하였다.

이와 같이 맹자는 인하지 못하고 백성에게 폭정을 가하는 군주를 내쫓는 역성혁명易姓革命을 주장하였다. 군주의 가장 기본적인 자질은 인간관계에서 충서를 행할 수 있고, 모든 행실이 선해야 하므로 수신을 통하여 명덕을 밝혀 자신의 가정을 먼저 가지런하게 할 수 있는 자이다.

"군자는 자기에게 (선이) 있은 이후에 남에게 (선을) 요구하는 것이고, 자기에게 (악이) 없은 이후에 남에게 (악을) 비난하는 것이다."는 다음과 같은 의미이다.

진정으로 수기안인을 하려는 사람은 자신이 솔선수범하여 선을 추구하고 타인에게 요구하는 것이고, 자신에게서 악을 없애버린 이후에 타인에게 악을 버리라고 주장할 수 있는 것이다. 왜냐하면 선악을 판단하는 기준은 앞에서 말한 대로 인의예지에 의한 것이기 때문이다.

"(자신의) 몸에 품고 있는 것이 서하지 못하면서 다른 사람을 깨우칠 수 있는 사람은 있지 않다. 그렇기 때문에 나라를 다스리는 것은 그 가정을 가지런하게 하는 데 있는 것이다."는 다음과 같은 의미이다.

마음속에 남에 대한 배려가 없는 사람은 솔선수범하는 본보기를 보여주지 못한다. 남을 깨우친다는 것은 자신이 강제적으로 만들 수 있는 일이 아니다. 자신이 모범을 보여 남이 스스로 깨닫고 서를 행할 수 있도록 만드는 것이 남을 깨우치는 것이다. 서로에게 표현되는 배려의 정신은 가정에서 비롯된다.

 대학 전문 9-5

《시경》에 이르기를 "복숭아의 어여쁨이여, 그 잎사귀가 무성하구나! 시집가는 아가씨여, 그 집안사람들에게 마땅하구나."라 하였으니, 그 집안사람들에게 마땅한 이후에 나라 사람들을 가르칠 수 있는 것이다.

《시경》에 이르기를 "형에게 마땅하고 아우에게 마땅하다."고 하였으니, 형에게 마땅하고 아우에게 마땅한 이후에 나라 사람들을 가르칠 수 있는 것이다.

《시경》에 이르기를 "그 거동이 어긋나지 않으니 이 사방의 나라를 바르게 한다."고 하였으니, 그 부자 형제가 족히 본받을 만한 이후에 백성이 본받는다는 것이다. 이것이 "나라를 다스리는 것이 자신의 가정을 가지런히 하는 데 있다."는 것을 말한다.

詩云 桃之夭夭 其葉蓁蓁 之子于歸 宜其家人 宜其家人而后
시 운 도 지 요 요 기 엽 진 진 지 자 우 귀 의 기 가 인 의 기 가 인 이 후
可以敎國人
가 이 교 국 인
詩云 宜兄宜弟 宜兄宜弟而后 可以敎國人
시 운 의 형 의 제 의 형 의 제 이 후 가 이 교 국 인
詩云 其儀不忒 正是四國 其爲父子兄弟 足法而后 民 法之也
시 운 기 의 불 특 정 시 사 국 기 위 부 자 형 제 족 법 이 후 민 법 지 야
此謂治國 在齊其家
차 위 치 국 재 제 기 가

"'복숭아의 어여쁨이여, 그 잎사귀가 무성하구나! 시집가는 아가씨여, 그 집안사람들에게 마땅하구나.'라 하였으니, 그 집안사람들에게 마땅한 이후에 나라 사람들을 가르칠 수 있는 것이다."는 다음과 같은 의미이다.

복숭아의 어여쁨은 시집가는 새색시의 겉모습뿐만 아니라 앞에서 설명한 도덕미道德美를 말한다. 이인里仁의 아름다움은 바로 이인을 만든 사람이 아름다운 도덕미를 지니고 있어 만들어지는 것이다. 한 사람의 아름다운 도덕미가 한 가정의 도덕미가 되고, 그것이 한 마을의 도덕미가 되는 것이다.

잎사귀가 무성하도록 그 가정을 흥기시키는 것이 명덕을 밝힌 여인의 역할이다. 시집가서 부부 관계를 맺음으로써 한 가정의 실마리가 되는 여인의 역할은 매우 중요하다. 자식을 교육시키

고 남편과 함께 그 가정의 중심에 서기 때문이다. 그러므로 천존지비天尊地卑에 의하여 잘못 이해된 남존여비男尊女卑는 있을 수 없다는 것이다.

"'형에게 마땅하고 아우에게 마땅하다.'고 하였으니, 형에게 마땅하고 아우에게 마땅한 이후에 나라 사람들을 가르칠 수 있는 것이다."는 다음과 같은 의미이다.

한 가정은 부부로부터 실마리가 이루어지고 가정을 이룬 뒤에는 형제자매 등의 구성원이 생긴다. 이 가정이라는 조직에서 형은 형으로서 아우는 아우로서 역할이 있고, 형은 형답게 대접해주고 아우는 아우답게 대우해주는 것이 합당하다. 이러한 일이 이루어진 뒤 사회에 나가 합당하게 행동하고 나랏일을 할 때도 합당한 처신을 하게 되는 것이다.

"'그 거동이 어긋나지 않으니 이 사방의 나라를 바르게 한다.'고 하였으니, 그 부자 형제가 족히 본받을 만한 이후에 백성이 본받는다는 것이다. 이것이 '나라를 다스리는 것이 자신의 가정을 가지런히 하는 데 있다.'는 것을 말하는 것이다."는 다음과 같은 의미이다.

명덕을 밝힌 사람이 가정에서부터 친민을 해나감으로써 사회가 바르게 돌아가고, 이것은 한 국가를 바르게 한다. 이러한 도덕적 실천이 귀감이 되어 다른 나라에 전파된다면 세상이 바르게 돌아갈 것이다. 이것의 기본적인 출발점이 가정이며, 그 가정이 가지런하게 되는 것은 바로 가족 개인의 명덕을 밝히는 데 있는 것이다.

정리해보면, 사람이 명덕을 지니게 된 이유는 음양의 변화에 따라 이룩된 천도에 의하여 천명으로부터 부여받은 성에 따른 것이다. 수신에 의하여 대인관계를 이룰 때 필요한 것이 충서이다. 충서는 음양 관계처럼 나와 남이 천도에 의하여 동일한 성을 가지고 있다는 것과 각자 정에 의하여 다른 감정을 지니고 있다는 사실을 인지하고, 성에 의한 적극적인 충과 충을 바탕으로 한 배려의 서를 베풀어야만 한다.

그리하여 음양이 서로 대립관계에 있는 것이 아니라 상호 보완 관계에 있는 것처럼 인간관계도 서로 대립관계가 아니라 상보와 교역의 관계로 인지하고 조화를 이루어 나가야만 하는데, 그 실천은 가정에서 시작된다. 가정에서부터 시작된 중화는 마을이나 단체로 파급되며, 그 실체는 화이부동 또는 화이불류로 이루어져야만 한다.

이러한 실천의 중심에 있는 사람은 명덕이 밝아진 사람으로서 자신의 가정과 자신의 마을에 본보기가 되어 사람들을 감화시킴으로써 그들도 명덕을 밝혀 나가게 된다. 그리고 이러한 사람들 가운데 명덕이 가장 밝은 사람이 마을이나 조직의 중심에 있게 되는 것이다. 또한 마을과 조직의 중심에 있는 사람들 가운데 명덕이 가장 밝아진 사람이 국가와 천하의 중심이 되는 것은 당연한 이치이다.

국가를 경영하든 천하를 경영하든 그 중심에 있는 사람이 보여주는 행동은 가정에서부터 시작되며, 사람이 개인적으로는 스스로 명덕을 밝히기 위하여 매 순간 접하는 사물에 대하여 끊임없이 격물치지를 행한다. 그리고 여기서 알게 된 지식을 실천하기 위하여 성의와 정심에 의한 수신을 통하여 인격이 완성되며, 혜안을 갖고 충서에 따른 인간관계를 갖도록 노력해야만 하는 것이다.

제5부

내가
세상의 중심이다

내가 좋은 것은 남도 좋고 내가 싫은 것은 남도 싫다

앞에서 충서에 대하여 언급하였다. 충서는 간단히 말하자면 내가 좋으면 남도 좋고 내가 싫으면 남도 싫은 것이다. 누가 내 앞에서 새치기를 하는 것이 싫으면 나도 남이 줄을 서 있을 때 새치기를 하면 안 되고, 내 돈이 귀중하면 남의 돈도 귀중한 것이다. 이러한 생각으로 생활하면 그리 어렵지 않은 일인데, 사람들은 자기 위주로 생각하는 욕심이 있기 때문에 작은 것도 양보하려 하지 않는다.

충서의 도가 가정과 사회를 넘어 궁극적으로 국가와 천하에 이루어지도록 노력해야만 한다는 것이 《대학》 제10장의 치국평천하에 대한 내용이다. 국가 경영은 국가의 행정적 일만 생각해서는 안 되고, 국가라는 커다란 틀 안에서 일어나는 모든 인간관계인 오상五常 관계가 상호 연관되어 다루어져야 한다. 그렇기 때문에 가족관계에서 시작하여 정치·경제·사회 전 분야에 대하여 생각해야만 하는 일이다.

오상에 대한 내용은《중용》제20장에 다음과 같이 다루어져
있다.

哀公 問政 子曰文武之政 布在方策 其人存則其政擧 其人亡則其
애공 문정 자왈문무지정 포재방책 기인존즉기정거 기인망즉기

政息 人道 敏政 地道 敏樹 夫政也者 蒲盧(蘆)也 故 爲政 在人 取
정식 인도 민정 지도 민수 부정야자 포로 노야 고 위정 재인 취

人以身 修身以道 修道以仁 仁者 人也 親親 爲大 義者 宜也 尊賢
인이신 수신이도 수도이인 인자 인야 친친 위대 의자 의야 존현

爲大 親親之殺 尊賢之等 禮所生也 (在下位 不獲乎上 民不可得而治矣)
위대 친친지쇄 존현지등 예소생야 재하위 불획호상 민불가득이치의

故 君子 不可以不修身 思修身 不可以不事親 思事親 不可以不知
고 군자 불가이불수신 사수신 불가이불사친 사사친 불가이부지

人 思知人 不可以不知天 天下之達道五 所以行之者三 曰君臣也
인 사지인 불가이부지천 천하지달도오 소이행지자삼 왈군신야

父子也 夫婦也 昆弟也 朋友之交也五者 天下之達道也 知(智)仁勇
부자야 부부야 곤제야 붕우지교야오자 천하지달도야 지 지 인용

三者 天下之達德也 所以行之者 一也 或生而知之 或學而知之 或
삼자 천하지달덕야 소이행지자 일야 혹생이지지 혹학이지지 혹

困而知之 及其知之 一也 或安而行之 或利而行之 或勉强而行之
곤이지지 급기지지 일야 혹안이행지 혹리이행지 혹면강이행지

及其成功 一也 (子曰) 好學 近乎知(智) 力行 近乎仁 知恥 近乎勇
급기성공 일야 자왈 호학 근호지 지 역행 근호인 지치 근호용

知斯三者 則知所以修身 知所以修身 則知
지사삼자 즉지소이수신 지소이수신 즉지

所以治人 知所以治人 則知所以治天下國
소이치인 지소이치인 즉지소이치천하국

家矣
가 의

애공哀公24)이 정사政事에 대하여 묻자 공자

가 말씀하셨다.

"문왕, 무왕의 정사가 방책方策25)에 펼쳐져 있으니, 그러한 사람이 존재하면 그러한 정사가 거행되고 그러한 사람이 없으면 그러한 정사가 종식됩니다. 사람의 도는 정사에 민첩하고 땅의 도는 나무에 민첩하니, 무릇 정사라는 것은 부들과 갈대입니다. 그러므로 정사를 한다는 것은 사람에게 달려 있으니, 사람을 취하는 것은 몸으로 하고, 몸을 닦는 것은 도로 하고, 도를 닦는 것은 인으로 해야 합니다. 인이라는 것은 사람이니, 친척들을 친하게 여기는 것이 위대한 것입니다. 의라는 것은 마땅한 것이니, 어진 사람을 높이는 것이 위대한 것입니다. 친척들을 친하게 여기는 것의 줄어듦과 어진 사람을 높이는 것의 차등差等이 예가 생긴 이유입니다. (아랫자리에 있을 때 윗사람에게 (신임을) 얻지 않으면 백성들을 다스릴 수 없는 것입니다.)

그러므로 군자는 수신을 하지 않을 수 없고, 수신을 생각하면 어버이를 섬기지 않을 수 없고, 어버이를 섬기는 것을 생각하면 사람을 알지 않을 수 없고, 사람을 알 것을 생각하면 하늘을 알지 않을 수 없는 것입니다. 천하의 달도達道가 다섯 가지이고, 이것들을 행하는 것이 세 가지입니다. 군신君臣과 부자父子와 부부夫婦와 곤제昆弟 사이의 관계와 친구를 사귀는 것이 천하의 달도이며, 지知·인仁·용勇, 세 가지가 천하의 달덕達德이라고 말하니, 행하는 것은 하나입니다. 혹은 태어나면서

25 종이가 발명되기 전 중국에서 사용된 서책이다. 방(方)은 사각형의 목판(木版)이고, 책(策)은 죽간(竹簡)이나 목간(木簡)을 말한다.

이것을 알게 되고, 혹은 배워서 이것을 알게 되고, 혹은 힘들게 노력하여 이것을 알게 되는데, 그 아는 것에 이르러서는 똑같습니다. 혹은 편안하게 이것을 행하고, 혹은 이롭게 생각하여 이것을 행하고, 혹은 억지로 애써서 이것을 행하는데, 그 성공에 이르러서는 똑같습니다."

(공자가 말씀하셨다.) "배우기를 좋아하는 것은 지知에 가깝고, 힘써 행하는 것은 인仁에 가까우며, 부끄러운 것을 아는 것은 용勇에 가깝다. 이 세 가지를 알면 수신하는 바를 알게 되고, 수신하는 바를 알게 되면 남을 다스리는 바를 알게 되고, 남을 다스리는 바를 알게 되면 천하 국가를 다스리는 바를 알 것이다."

인간관계가 넓게 확장된 것이 정치이다. 정치는 사회의 모든 인간관계를 포함하므로 원만한 인간관계의 최종 목표이며, 사회 질서의 유지는 최종적으로 정치에 있다.

위의 예문에서 주나라 문왕과 무왕은 은나라 주왕의 폭정을 종식시키고 새 왕조를 일으켜 백성을 평화로운 세상으로 이끈 임금들이다. 이런 임금들은 스스로 명덕을 밝히는 일을 게을리하지 않았다. 그리하여 자신을 수신하고 자신의 가정을 가지런하게 한 이후 은나라 제후국이었던 주나라를 먼저 잘 다스렸다. 그리고 주나라를 제후국으로 삼고 있던 은나라의 마지막 왕 주왕의 폭정이 극에 달하자, 결국 그를 제거하고 제후국이었던 주나라가 천자의 나라가 됨으로써 평천하를 이루었다.

이와 같이 수신을 기반으로 친민을 행함으로써 나라 전체 백성의 명덕이 밝게 됨에 따라 결국 주나라는 제후국에서 천자국의 지위에 오르고, 천자국의 통치권 안에 있는 백성은 평화와 안정을 되찾게 된 것이다. 명덕을 밝히는 인도人道가 정치에 영향을 미치게 되는 것은 천도天道가 곧 땅에 이르러 그곳에서 자라나는 식물에 바로 영향을 주는 것과 같은 이치이다.

인간관계에서는 언행으로 각자의 의견을 표현한다. 언행은 몸으로 표현하는 것이기 때문에 몸을 닦는 수신이 반드시 필요하며, 그것은 사람을 사랑하는 인에서부터 시작되어야 한다. 인은 인의예지의 뿌리가 된다. 모든 생명을 사랑하는 인이 기준이 되어야 모든 생명을 보전하기 위한 결단의 의가 존재하고, 의의 이러한 합당함에 따른 예가 행해지는 것이다.

예를 행할 때는 반드시 차등을 두어야 한다. 예의 차등差等은 차별대우와는 다른 의미이다. 차별대우는 사사로운 감정에 치우쳐 대우하는 것이기 때문에 차별에는 반드시 부당한 이득이 함께하여 부패와 부조리의 뿌리가 된다. 이러한 차별은 중도를 잃어 진정한 도를 행할 수 없게 한다. 인간이 자신과의 친밀 정도와 상대방의 나이 및 인격수준에 따른 차등을 없애버리면 오히려 인간관계에서 질서가 없어지고 야생의 짐승처럼 힘에 의한 서열 경쟁만 남게 된다.

'인이 사람이라는 것'은 사랑을 베푸는 주체도 사랑을 받는 대상도 사람이기 때문이다. 그렇기 때문에 인은 인간관계에서 가장 먼저 행해야 할 기본 덕목이다. 친척들을 친히 여기는 가족부터 시작되며, 특히 부모님께 효를 행하는 것이 가장 위대한 것이 된다는 말이다. 또한 마땅히 어진 사람을 높이는 것도 위대한 것이 된다.

그리고 친척들을 친하게 여기는 것이 자신과 관계가 가깝고 멀고에 따라 차이가 생기고 어진 사람도 그 수준에 따라 존경하는 것이 달라지는 차등이 있다. 이러한 차등에 따라 각자의 위치와 수준에 맞는 행동을 함으로써 예가 만들어진다. 차등 없이 모두 똑같이 대한다면 굳이 예가 필요하지 않기 때문이다.

이와 같이 분별에 의한 차등은 의에 맞추어야 한다. 분별과 차등은 나를 중심으로 주변 사람과 상생하기 위한 중도이다. 내가 중심이 되어 맺게 되는 관계에는 다섯 가지가 있다. 즉, 군신君臣과 부자父子, 부부夫婦, 곤제昆弟, 붕우朋友의 관계이다. 이 다섯 가지 관계에서 충서의 예가 실행되는 것이 천하의 달도達道가 되는 오달도五達道이다. 오달도는 사람이 어느 위치에 있든 다섯 가지 인간관계에 속할 수밖에 없기 때문에 오상 관계라고도 말한다.

부자 관계는 천도가 만물의 생명을 탄생시키고 천도의 모습이 만물에 존재하게 한 사랑의 마음에서 비롯된다. 왜냐하면 부모는 자식의 생명을 보전하고 자신의 생명이 자식을 통하여 계승되기를 바라기 때문이다. 따라서 부자 관계는 인과 관련이 있다.

부부 관계는 음과 양이 상대적으로 교역交易과 상보相補와 균형의 존재로서 작용하는 것과 같은 지혜에서 비롯된다. 부부는 음양의 교역으로 자식을 낳고 역할을 구분하여 서로 균형을 이루며 한 가정을 지혜롭게 이끌어 나가야만 하기 때문이다. 따라서 부부 관계는 지와 관련이 있다.

곤제 관계는 천도가 다양한 사물을 만들어내고 그 사물이 역할과 위치와 분수에 따라 차등적으로 영양소와 햇빛을 받는 것에서 비롯된다. 즉, 영양분을 섭취하고 햇빛을 받을 때 큰 생물은 많이, 작은 생물은 적게 필요한 것처럼 나이가 많거나 덕이 높은 사람은 높은 만큼 대접을 받고, 적은 사람은 적은 만큼 대우를 받는다. 따라서 곤제 관계는 예와 관련이 있다.

붕우 관계는 봄이 오면 여름이 오고, 낮이 지나면 밤이 되는 자연의 움직임에 대한 신뢰에서 비롯된다. 친구는 평등한 입장에서 주고받는 것이 합리적으로 이루어진다는 기대를 가질 수 있어야 한다. 혈연과 같은 선천적 관계가 아닌 친구 사이에는 믿음이 중요하기 때문이다. 따라서 붕우 관계는 신과 관련이 있다.

마지막으로 군신 관계는 전체의 생명을 살아가도록 생명 보전에 방해되는 것을 합리적으로 숙정하는 의로움에서 비롯된다. 군신 간에 이루어지는 일은 모두 공적인 것이어서 임금과 신하의 사사로운 감정이나 불공정한 이득이 백성 전체의 이익에 영향을 미치기 때문이다. 따라서 군신 관계는 의와 관련이 있다.

민주주의 국가에서 나라의 주인은 군주가 아니라 국민이다. 따라서 군주는 국민, 신하는 정치가와 관료가 된다. 또한 신하는 국민의 대표 역할을 한다. 따라서 정치가와 관료들의 막강한 영향력은 국민에게서 나오며, 그들은 영향력이 크기 때문에 주인을 위협할 수도 있다. 그러나 그들을 선택, 선출하는 것은 주인인 국민이다. 따라서 이와 같은 관계에서는 의가 무엇보다 중요한 의미를 지니게 된다.

인간 세상에서 끝까지 보편적으로 통해야 하는 오달도는 오상 관계에서 충서의 도로 실천하는 것이다. 오상을 인의예지신과 연관 지어 만든 덕목이 부자유친父子有親, 군신유의君臣有義, 부부유별夫婦有別, 장유유서長幼有序, 붕우유신朋友有信으로 구체화시킨 오륜五倫이다.

이상과 같은 오달도가 모두 고려되어야 하는 것이 바로 치국과 평천하이다. 국가와 천하는 가정의 확장된 모습이고, 가정과 사회와 국가라는 별도의 조직이 서로 유기적으로 작용하므로 가족 구성원의 명덕이 먼저 밝아진 뒤 국가와 천하의 사람들이 명덕을 밝힐 수 있기 때문이다.

 대학 전문 10-1

이른바 "천하를 평안하게 하는 것이 자신의 국가를 다스리는 것에 있다."는 것은 위에서 노인을 노인답게 모시면 백성이 효孝에 흥기하며, 위에서 어른을 어른답게 모시면 백성들이 제弟에 흥기하며, 위에서 외로운 사람을 구휼하면 백성들이 배반하지 않기 때문에 군자에게 혈구지도絜矩之道가 있는 것이다.

所謂平天下在治其國者 上老老而民興孝 上長長而民興弟 上恤孤
소 위 평 천 하 재 치 기 국 자　상 로 로 이 민 흥 효　상 장 장 이 민 흥 제　상 휼 고
而民不倍26) 是以 君子有絜矩之道也
이 민 불 배　　　시 이　군 자 유 혈 구 지 도 야

이 예문은 다음과 같은 의미이다.

천하를 평안하게 하는 것은 가정에서 충서의 실천항목인 효孝 ·
제弟 · 자慈이다. 과거에 국가의 임금이나 관료들이 어른을 공경
하는 모습을 보이면 백성이 그것을 보고 본받아 가정에서 부모
에게 효를 행함으로써 저절로 흥기된다. 또한 그들이 인생 선배
에게 지위에 상관없이 공손한 모습을 보이면 백성도 자연스럽
게 그런 태도를 따라 하게 되어 있다. 아울러 그들이 외롭고 어
려운 사람들을 구휼한다면 이에 감동받은 백성은 절대 지배계
층을 배반하고 돌아서지 않는다.

과거 우리 사회에 부정부패가 만연했던 것은 광복 이후 정치
권과 관료가 부패한 모습을 답습해왔기 때문이다. 기업은 그들
을 상대로 하여 부정한 뒷거래로 이득을 챙기고, 자기 기업에 납
품하는 사람들에게 이와 유사한 대접을 기대한다. 납품업체 또
한 갑甲의 위치가 되면 을乙의 위치에 있는 사람들에게 이러한
행위를 기대하게 된다. 이러한 악순환이
꼬리에 꼬리를 물고 교육계, 체육계, 군부

---

26 배(背)와 통함.

등 사회 전반에 만연되었던 것이다.

현재는 과거보다 이러한 일이 많이 줄어들었으나 인재人災가 발생하면 어김없이 부정한 유착관계가 드러나곤 한다. 또한 방위산업 비리, 체육계 비리 등이 뉴스로 나오는 것을 보면 우리 사회는 여전히 부정부패에서 자유롭다고 할 수 없다.

부정부패와 시민의식의 결여에 관한 한 우리 가운데 어느 누구도 남을 비난할 처지가 못 된다. 왜냐하면 이러한 연결고리에서 벗어나 있는 사람은 드물며, 평범한 시민들이 기본적인 질서를 지키지 않는 모습이 우리 사회 곳곳에서 목격되기 때문이다. 여기에서 벗어나는 길은 우리 모두가 각자의 인간관계에서 자기 위치에 합당한 처신을 하는 것뿐이다. 자신의 명덕을 밝히는 일을 스스로 해야 하듯 사회 전반에 걸친 나쁜 관습을 누가 대신 바꿔줄 수는 없는 일이기 때문이다. 대인관계에서 각자 올바로 처신하게 하는 원칙이 바로 혈구지도絜矩之道이다.

 대학 전문 10-2

윗사람에게서 싫어했던 바로 아랫사람을 부리지 말고 아랫사람에게서 싫어했던 바로 윗사람을 섬기지 말며, 앞사람에게서 싫어했던 바로 뒷사람을 앞서지 말고 뒷사람에게서 싫어했던 바로 앞사람을 따르지 말며, 오른쪽 사람에게서 싫어했던 바로 왼쪽 사람을 사귀지 말고 왼쪽 사람에게서 싫어했던 바로 오른쪽 사람을 사귀지 말 것이다. 이것을 혈구지도라고 말한다.

所惡於上 毋以使下 所惡於下 毋以事上 所惡於前 毋以先後
소 오 어 상 무 이 사 하 소 오 어 하 무 이 사 상 소 오 어 전 무 이 선 후
所惡於後 毋以從前 所惡於右 毋以交於左 所惡於左 毋以交於右
소 오 어 후 무 이 종 전 소 오 어 우 무 이 교 어 좌 소 오 어 좌 무 이 교 어 우
此之謂絜矩之道
차 지 위 혈 구 지 도

이 예문은 다음과 같은 의미이다.

윗사람이 나에게 무례하게 대하기를 바라지 않는다면 아랫사람에게 그와 같이 무례한 행동을 하지 말며, 아랫사람이 나에게 불충하게 대하기를 바라지 않는다면 나 역시 윗사람을 그와 같이 불충하게 섬기지 말아야 한다. 또한 앞사람이 나에게 교만하게 대하기를 바라지 않는다면 나 역시 뒷사람에게 교만하게 대하지 말며, 뒷사람이 나를 불손하게 대하기를 바라지 않는다면 나 역시 앞사람에게 불손하게 대하지 말아야 한다. 왼쪽이나 오른쪽 사람이 나에게 신뢰를 주지 못하는 행동을 하지 않기를 바란다면 나 역시 왼쪽이나 오른쪽 사람에게 신뢰를 주지 못하는 행동을 하지 말아야 한다.

혈구지도의 혈구^{絜矩}는 '자로 재서 어떠한 일을 헤아려본다'는 의미이다. 따라서 혈구지도는 내 마음을 자로 삼아 남의 마음을 측정한다는 뜻으로, 내 처지를 생각하여 남의 처지를 이해하는

충서의 구체적 방법이다. 여기서 내 마음의 자는 격물치지를 통하여 알게 된 지식을 성의^{誠意}·정심^{正心}의 수신으로 만들어낸 나의 양심이 되는 것이다.

오상 관계는 어떤 사람이든 그 다섯 가지 인간관계에 속하는 관계이다. 따라서 그 다섯 가지 관계 안에서 인의예지신과 연관하여 충서의 도를 실천한다는 것이다. 반면 혈구지도는 나를 중심으로 상하·좌우·전후의 입체적 관계에 놓인 사람들을 대할 때 충서를 통한 바람직한 태도를 말한다.

이와 같이 오상에서 충서의 도를 행하고, 혈구지도에 의하여 가정·사회·국가에서 올바른 처신을 하는 사람이 가정을 책임지는 중심에 있어야 하고, 사회조직을 선도하는 중심에 있어야 하며, 국가를 경영하는 중심에 있어야만 한다.

비겁한 자들이
사회의 중심에 자리하면 안 된다

　제가·치국평천하의 내용으로 보면 가정은 국가의 축소판이며, 국가는 가정의 인간관계가 확대된 모습이다. 따라서 국가 경영의 중심에 있는 임금은 가정에서 아버지와 같이 백성을 보호하고 백성을 먹여 살리는 데 전념해야 한다.

 대학 전문 10-3

　《시경》에 이르기를 "즐거운 군자여, 백성의 부모이다."라 하였으니, 백성이 좋아하는 바를 좋아하고 백성이 싫어하는 바를 싫어하는 이것을 '백성의 부모'라 하는 것이다.

詩云 樂只君子 民之父母 民之所好 好之 民之所惡 惡之
시 운 락 지 군 자 민 지 부 모 민 지 소 호 호 지 민 지 소 오 오 지

此之謂民之父母
차 지 위 민 지 부 모

이 예문은 다음과 같은 의미이다.

부모가 가장 기쁠 때는 자식들이 행복해하는 모습을 보는 순간일 것이다. 한 나라를 책임지는 임금이 가장 즐거울 때도 백성이 행복하게 살아가는 모습을 보는 것이다. 그렇기 때문에 부모가 기뻐하는 자식들을 볼 때 행복해하는 마음으로 백성이 좋아하는 것을 좋아하고, 부모가 자식들이 가슴 아파하는 것을 차마 보지 못하는 마음으로 백성이 싫어하는 것을 싫어하는 것이다.

가정에서 부모는 자식을 위하여 모든 것을 희생한다. 자식이 배고프다고 하면 자신이 먹을 것을 양보하고, 자신은 먼 길을 걸어가더라도 자식은 차를 태워 보내야 마음 편한 것이 부모 마음이다. 자식이 먹을 것을 빼앗아 먹고 자식이 위험에 처했을 때 도망가는 패륜적이고 비겁한 부모는 없다.

국가 경영에 책임을 지는 사람들은 이러한 부모의 마음으로 업무를 수행하여야 한다. 국민이 가난하면 가난에서 벗어나도록 애를 쓰고, 국민이 위험에 처하지 않도록 안전대책에 만전을 기하며, 국민이 외국에서 불이익을 당하지 않게 자국민을 적극적으로 보호해야 한다. 이러한 의무를 수행하지 못하는 사람은 국가 경영의 중심에 자리하면 안 된다.

대학 전문 10-4

《시경》에 이르기를 "깎아지른 듯한 저 남산이여, 바위가 험준하구나. 혁혁한 태사 윤씨여, 백성이 모두 너를 처다본다."라 하였으니, 나라를 소유한 사람은 삼가지 않을 수 없으니 편벽된다면 천하에 죽임을 당하는 것이다.

詩云 節[27] 彼南山 維石巖巖 赫赫師尹 民具[28] 爾瞻 有國者 不可以
시 운 절   피남산 유석암암 혁혁사윤 민구   이첨 유국자 불가이
不愼 辟則爲天下僇矣
불 신 벽 즉 위 천 하 륙 의

이 예문은 다음과 같은 의미이다.

높은 산의 아름다운 경치는 그 주위를 지나는 사람들이 모두 고개를 돌려 바라보게 한다. 마찬가지로 높은 벼슬도 사람들의 관심을 끈다. 윤씨尹氏는 주나라 마지막 임금 유왕幽王 때에 태사라는 높은 벼슬을 지낸 인물이다. 위세가 하늘을 찌르는 높은 벼슬을 하였으므로 백성이 그의 정치를 바라보게 되었는데, 마음이 편벽하고 사리사욕을 채우는 등 정치를 잘못하여 결국 주나라를 망하게 하였고 그 때문에 죽임을 당하였다.

우리나라에도 윤씨처럼 국민을 괴롭힌 지도자들은 정권을 제대로 유지하지 못하였다. 이승만 대통령은 독재로 장기집

27 절(截)과 통함.
28 구(俱)와 통함.

권을 노리다 4·19혁명으로 쫓겨나 망명길에 올랐다. 또한 군사독재정권 지도자들은 비극적인 최후를 맞거나 퇴임 후 처벌을 받는 등 불명예스러운 결과를 낳았다.

특히 조선시대의 선조와 대한민국 초대 대통령 이승만은 생명을 유지하는 데 급급하여 전쟁 중에 백성을 버린 비겁한 지도자들이다. 이러한 지도자들이 있었기 때문에 우리나라에는 아직도 비슷한 유형의 사람들이 사건, 사고를 저지르고 있는 것이다.

삼풍백화점 붕괴사고나 세월호 침몰사고는 차마 입에 올리기도 불편한 우리의 치부이다. 삼풍백화점 붕괴사고 직전 회사 경영진들은 판매직원들과 고객들을 대피시키지 않고 자신들만 먼저 빠져나왔다. 또한 세월호 침몰사건 때는 선장 등 승무원들만 탈출했다. 결국 배 안에서 이들의 탈출 지시를 기다리던 어린 학생들을 비롯한 수백 명의 승객이 아까운 목숨을 잃고 말았다.

이와 같이 비겁하고 파렴치한 사람들이 국가나 사회조직의 중심에 있으면 그 사회에 속한 사람들은 안전하게 살 수 없다. 그들은 자신의 안위만 신경 쓰는 소인배들일 뿐이다. 소인이 중심에 있던 정권이 망한 것과 마찬가지로 소인이 경영하던 회사는 소멸되었고, 소인들이 승무원이었던 선박은 침몰하였다. 또한 그 선박회사의 경영진도 소인이었으며, 그 소유주는 비극적 최후를 맞았다.

소인들 사이에는 부정한 연결고리가 존재한다. 삼풍백화점과 선박회사를 관리·감독하는 정부 부처의 관리들은 뇌물을 받았고, 그들의 부정한 일 처리가 무마됨으로써 사고의 원인이 싹텄으며, 결국 죄 없는 일반 시민과 어린 학생들이 소중한 목숨을 잃었다.

　이러한 불행이 재발되지 않도록 모든 국민은 소인들을 감시하는 군자가 되어야 한다. 스스로 편향된 감정을 성으로 조절하고 자신의 가정을 가지런하게 함으로써 가족과 이웃이 안전하게 살아갈 수 있는 사회를 만들어야 하는 것이다.

대학 전문 10-5

《시경》에 이르기를 "은나라가 민중을 잃지 않았을 때는 능히 상제上帝를 짝할 수 있었으니 마땅히 은나라를 거울로 삼아라. 준명峻命은 쉽지 않은 것이다."라 하였으니, "민중을 얻으면 나라를 얻고 민중을 잃으면 나라를 잃는다."는 것을 말한다.

詩云 殷之未喪師 克配上帝 儀²⁹⁾監于殷 峻命不易 道得衆則得國
시 운　은 지 미 상 사　극 배 상 제　의　감 우 은　준 명 불 이　도 득 중 즉 득 국
失衆則失國
실 중 즉 실 국

이 예문은 다음과 같은 의미이다.
은나라가 건국될 당시 탕왕湯王은 혈구

29 의(宜)와 통함.

지도를 행하여 민심을 잃지 않고 백성이 모여들었기 때문에 하늘의 상제에 제사를 올리고 상제의 명을 대행하는 천자天子의 권위가 있었다. 그러나 은나라 말기에 주紂라는 폭군이 나와 민심을 잃은 결과 은나라는 망하게 되었다. 이러한 은나라를 거울삼아 준명峻命을 계속 지켜 나가는 것이 어려운 일임을 깨닫고, 백성의 마음을 얻으면 나라를 얻고 백성의 마음을 잃으면 나라를 잃는다는 것을 알아야 한다는 것이다.

우리나라 현대사를 보면 비슷한 사례가 있다. 당시 우리는 부정부패로 얼룩진 이승만 정권을 민중의 힘으로 물러나게 하고 새로운 정권이 들어서도록 소중한 생명들이 희생하였다. 그러나 국민의 희생을 바탕으로 정권을 잡은 자들은 자신들의 이익에 눈이 멀어 계파 간 갈등으로 중심점을 잃어버렸다. 이러한 상황은 군사 쿠데타의 빌미로 작용하여 우리나라 민주주의가 수십 년 뒤처지는 결과를 낳았다.

나라와 지역의 대표를 학연과 지연 등 사사로운 감정으로 선택해서는 안 되며, 당을 보지 말고 사람을 보고 선택하여야 한다. 우리나라의 주요 정당은 정책을 대표하는 당이 아니라 지역을 대표하는 당이 되어버린 지 오래이다. 특정지역에서 그 지역 편향 당의 공천을 받으면 99% 이상 당선이 보장되는 것이 우리의 현실이다.

이와 같은 지역이기주의는 그 지역 사람들의 명덕이 드러나지 못한 결과이다. 지역감정에 휩싸여 정이 편향되게 흐르고, 나라를 위한 성의 마음이 그러한 지역감정을 제어하지 못하는 수준으로 떨어지게 것이다. 그 결과 국회의원들은 국민의 마음을 헤아리는 것이 아니라 소속 정당의 눈치를 살피게 된다.

'위록지마指鹿之馬'라는 사자성어가 있는데, 여기에 담긴 내용은 다음과 같다.

진시황秦始皇의 아들 호해胡亥가 환관 조고趙高의 도움으로 황제의 자리에 오르게 되었다. 권력을 잡은 조고는 승상 이사李斯를 죽이고 더욱 막강한 권력을 차지함으로써 황제의 권위까지 능멸하게 되었다. 어느 날 조고가 호해에게 사슴 한 마리를 바치면서 말이라고 주장하였다. 이에 호해가 "사슴을 말이라고 하는구나." 하자, 조고의 권력을 두려워한 대신들은 "그것은 말이 맞습니다." 하고 대답하였던 것이다.

현재 우리나라에서의 위록지마는 공천 결과를 두려워하여 국회의원들이 국민의 뜻보다 공천을 결정하는 당 수뇌부의 뜻을 더 따르게 되는 상황이다. 이러한 악순환이 거듭되면 정치는 일부의 정치권 수뇌부가 원하는 방향으로 흘러가고, 결국 국민이 원하는 정치는 기대할 수 없게 된다. 국민이 이러한 내용을 모르는 것은 아니다. 다만 눈앞에 보이는 감정적 이익에 편향되어 이러한 악순환을 그대로 이어지게 하는 것이다.

정치인들 가운데 덕이 조금이라도 높은 사람을 선택함으로써 지금은 그 결과가 비록 미미하더라도 시간이 지남에 따라 점점 더 덕이 높은 사람들로 교체해 가는 것이 국민의 책임이자 권리이다. 덕이 있는 사람이란 다음과 같은 사람이다.

대학 전문 10-6

이렇기 때문에 군자는 먼저 덕德을 삼가는 것이니, 덕이 있으면 이에 사람이 있고, 사람이 있으면 이에 토지가 있으면 이에 재물財物이 있고, 재물이 있으면 이에 쓰임이 있게 되는 것이다.

是故 君子 先愼乎德 有德 此有人 有人 此有土 有土 此有財 有財
시 고 군 자 선 신 호 덕 유 덕 차 유 인 유 인 차 유 토 유 토 차 유 재 유 재
此有用
차 유 용

이 예문은 다음과 같은 의미이다.

'덕을 삼간다'는 것은 스스로 명덕을 밝혀 덕으로써 나라를 다스린다는 것이다. 이러한 정치는 민심을 얻어 백성이 생기고, 백성이 있게 되면 국토를 가진 나라를 얻게 되며, 나라가 있으면 재물은 자연히 함께하니 그러한 재물은 언제든지 사용할 수 있다.

현재 정치권의 상황으로 바꾸어 말하면, 덕이 있는 정치가는 민심을 얻게 되고 그를 지지하는 사람이 늘어남에 따라 국민의 힘이 그에게 모이게 된다. 자발적이고 깨끗한 정치자금이 덕 있

는 정치가에게 모이고, 그것이 국민을 위한 힘으로 쓰이게 되는 것이다.

정치뿐만 아니라 기술개발이나 예술 및 스포츠 방면도 마찬가지이다. 회사 경영진이나 국가 관료들이 당장의 이익에 눈이 어두워 좋은 기술을 개발한 사원들에게 그에 상응하는 대우를 해주지 않음으로써 기술이 외국으로 유출되어 결국 외국기업이 기술개발 이득을 차지하는 경우가 있다. 그런가 하면 스포츠계에서는 소수 기득권 세력이 이권을 유지하기 위해 파벌 싸움을 하는 동안, 실력이 있으면서도 파벌이 다르다는 이유로 인정받지 못하던 선수가 외국으로 귀화하여 금메달을 땄음으로써 그 명예를 다른 나라가 챙긴 경우도 있었다.

이와 같이 정치뿐만 아니라 과학기술, 스포츠 재능 등이 국가를 위하여 쓰이게 하려면 그 분야의 중심에 있는 인물들이 선을 행하는 노력을 기울여야 한다. 미국, 러시아, 중국 등 다민족으로 이루어진 나라들은 정치와 과학, 스포츠, 예술 등의 분야에서 사람들이 모여들게 만든다. 그렇기 때문에 이 국가들은 현재 세계 초강대국의 지위에 있는 것이다.

 대학 전문 10-7

덕德이라고 하는 것은 본本이고 재財라고 하는 것은 말末이다. 본

을 밖으로 하고 말을 안으로 한다면 백성을 다투게 하여 탈취寶取
(의 본보기)를 베푸는 것이다. 그렇기 때문에 재물이 모이면 백성
이 흩어지고, 재물이 흩어지면 백성이 모이는 것이다.

德者 本也 財者 末也 外本內末 爭民施奪 是故 財聚則民散
덕 자 본 야 재 자 말 야 외 본 내 말 쟁 민 시 탈 시 고 재 취 즉 민 산
財散則民聚
재 산 즉 민 취

이 예문은 다음과 같은 의미이다.

나무를 잘 키우려면 꽃보다 뿌리에 신경을 써야 하듯 말末보
다는 본本이 우선이므로 재물보다는 덕을 우선으로 생각하여야
한다는 것이다. 그러지 않고 재물을 우선으로 생각하면 백성 사
이에서 명덕이 밝혀지지 않아 욕심이 우선으로 발생하게 된다.
그 결과 수단과 방법을 가리지 않고 재물을 쟁취하려는 현상이
발생하는 것이다.

임금이 사사로이 재물을 모으는 데 앞장서게 되면 백성의 생
활이 피폐해져 백성이 흩어지게 되고, 임금이 자신의 재물을 백
성을 위하여 베풀면 백성이 모이게 된다. 백성이 없는 나라는 존
재할 수 없고, 나라 없는 임금도 당연히 존재 가치가 없으므로
스스로 망하게 되는 것이다.

국가뿐만 아니라 회사나 단체도 마찬가지이다. 회사 경영진과
단체 수뇌부가 조직 구성원에게 덕을 베풀지 않고 사적으로 재

물만 챙기게 되면 좋은 인재들이 조직을 이탈하여 결국 조직 경쟁력이 약화된다.

또한 재물은 정당한 방법으로 정당하게 벌어야만 한다. 당장 눈앞의 이익을 위하여 부정한 방법으로 재물을 벌어들이면 그 결과가 반드시 나쁜 상황으로 끝맺게 된다는 것을 알아야 한다.

 대학 전문 10-8

이러므로 말이 (도리에) 어그러져 나간 것은 역시 어그러져 들어오고, 재화貨가 (도리에) 어그러져 들어온 것은 역시 어그러져 나가게 되는 것이다.

是故 言悖而出者 亦悖而入 貨悖而入者 亦悖而出
시 고 언 패 이 출 자 역 패 이 입 화 패 이 입 자 역 패 이 출

이 예문은 다음과 같은 의미이다.

상대에게 부드럽게 말하면 부드러운 답이 돌아오고, 상대에게 거칠게 말하면 거친 대답이 돌아오는 것은 당연한 이치이다. 이와 같이 부정한 방법으로 모은 재산 또한 부정한 방법에 의하여 빠져나가게 되어 있다. 그렇기 때문에 선의의 경쟁을 하는 것이며, 이 말의 중심이 되는 선은 명덕을 밝힘으로써 얻게 되는 것이다.

명덕을 밝히는 것은
보석을 갖는 것이다

 대학 전문 10-9

〈강고〉에 이르기를 "천명은 항상함에 있지 않다."고 하였으니,
"선하면 얻고 불선하면 잃는다."는 것을 말한다.

《초서》에 이르기를 "초나라에는 보배로 삼는 것이 없고 오직 선
을 보배로 삼는다."고 하였다.

구범이 말하기를 "망명한 사람은 보배로 삼을 것이 없고, 어버이
를 인하게 여기는 것을 보배로 삼는다."고 하였다.

康誥曰 惟命 不于常 道善則得之 不善則失之矣
강 고 왈 유 명 불 우 상 도 선 즉 득 지 불 선 즉 실 지 의

楚書曰 楚國 無以爲寶 惟善 以爲寶
초 서 왈 초 국 무 이 위 보 유 선 이 위 보

舅犯曰 亡人 無以爲寶 仁親 以爲寶
구 범 왈 망 인 무 이 위 보 인 친 이 위 보

"'천명은 항상함에 있지 않다.'고 하였으니, '선하면 얻고 불선하면 잃는다.'는 것을 말한다."는 다음과 같은 의미이다.

임금은 하늘이 내린다고 하였다. 천명에 의하여 임금이 된 자는 천명을 따르지 않으면 권력을 유지할 수 없다. 선정을 베풀면 권력이 유지되고, 선하지 못하면 권력은 사라지게 된다.

"초나라에는 보배로 삼는 것이 없고 오직 선을 보배로 삼는다."는 것은 다음과 같은 의미이다.

군주가 자신에게 내재한 명덕을 밝힌 이후 다른 사람에게도 베풀어 명덕이 세상에 자리를 잡게 하면 천명에 의하여 받은 권력을 계속 유지할 수 있다. 그렇기 때문에 선善이 가장 귀한 보물이 되는 것이다.

"망명한 사람은 보배로 삼을 것이 없고, 어버이를 인仁하게 여기는 것을 보배로 삼는다."는 다음과 같은 의미이다.

'망명한 사람'은 진晉나라 문공을 가리킨다. 문공은 태자 시절 계모의 모함으로 아버지 헌공의 미움을 받아 다른 나라로 망명하였다. 이 말은 헌공이 사망한 뒤 문공이 진나라로 돌아가 왕위를 이으려고 할 때 문공의 외삼촌 구범이 말한 내용이다. 비록 아들을 쫓아낸 아버지이지만 선의 가장 기본적 실천 행위인 효를 실천하는 모습을 보여야 한다는 것이다. 이는 왕위를 이어받은 데 대한 기쁨을 드러내기보다는 아버지의 죽음을 슬퍼하는 모습을 보여야 백성의 마음을 움직일 수 있다는 충고이다.

효는 선의 가장 기본이 되는 실천 행위이다. 즉, 인간관계에서

처음으로 실천해야 하는 것이 부자지간의 효라는 말이다. 천명
이 인간에게 생명과 성을 내려준 것에 감사하는 실천이 선이라
면, 부모가 자식에게 생명과 사랑을 내려준 데 감사하는 실천이
효이기 때문에 효가 가장 기본적인 선의 실천행위가 된다는 의
미이다.

 대학 전문 10-10

《진서》에 이르기를 "만약 한 신하가 있어 단단하고 다른 재주가
없으나 그 마음이 너그러워 포용함이 있는 듯하여 남이 소유한
재주를 자기가 소유한 것같이 하고 남의 학식과 성스러움을 그
마음에 좋아함이 다만 자신의 입으로만 (칭찬을) 하는 것이 아니
라면, 이것은 남을 포용할 수 있음으로써 나의 자손과 일반 백성
을 보전할 수 있을 것이니 오히려 또한 이로움이 있을 것이다.
남이 소유한 재주를 시기하고 질투함으로써 미워하고 남의 학식
과 성스러움을 어거서 통하지 못하도록 한다면, 이것은 남을 포
용할 수 없음으로써 나의 자손과 일반 백성을 보전할 수 없을 것
이니 또한 위태롭다 말할 것이다.

秦誓曰 若有一个臣 斷斷兮無他技 其心 休休焉其如有容焉 人之
진 서 왈　약 유 일 개 신　단 단 혜 무 타 기　기 심　휴 휴 언 기 여 유 용 언　인 지

有技 若己有之 人之彦聖 其心好之 不啻若自其口出 寔能容之 以
유기 약기유지 인지언성 기심호지 불시약자기구출 실능용지 이

能保我子孫黎民 尚亦有利哉 人之有技 媢疾以惡之 人之彦聖 而
능보아자손려민 상역유리재 인지유기 모질이오지 인지언성 이

違之 俾不通 寔不能容 以不能保我子孫黎民 亦曰殆哉
위지 비불통 실불능용 이불능보아자손려민 역왈태재

"만약 한 신하가 있어 단단하고 다른 재주가 없으나 그 마음이 너그러워 포용함이 있는 듯하여 남이 소유한 재주를 자기가 소유한 것같이 하고 남의 학식과 성스러움을 그 마음에 좋아함이 다만 자신의 입으로만 (칭찬을) 하는 것이 아니라면, 이것은 남을 포용할 수 있음으로써 나의 자손과 일반 백성을 보전할 수 있을 것이니 오히려 또한 이로움이 있을 것이다."는 다음과 같은 의미이다.

재주는 말*이고 너그러운 성격은 본*이 된다. 너그러움은 명덕으로 발휘되는 선한 행동으로서 국가 경영을 책임진 사람은 덕이 우선되어야 하는 것이다. 그러한 인물은 남이 지닌 재주가 국가를 위하여 공정하게 사용되도록 일을 처리하게 된다. 이와 같이 너그러운 인물이 국가의 요직에 있으면 국가의 기틀이 바로잡히므로 이는 결국 백성과 나라를 위한 일이 되는 것이다.

"남이 소유한 재주를 시기하고 질투함으로써 미워하고 남의 학식과 성스러움을 어겨서 통하지 못하도록 한다면, 이것은 남을 포용할 수 없음으로써 나의 자손과 일반 백성을 보전할 수 없을 것이니 또한 위태롭다 말할 것이다."는 다음과 같은 의미이다.

남의 능력을 시기하고 질투하는 사람은 덕이 없는 사람으로서, 이러한 사람이 국가 요직에 있을 경우 사리사욕에만 몰두하게 된다. 그 결과 재주와 학식을 갖춘 사람이 자신의 능력을 사용할 기회를 잃어버리거나 다른 국가에서 그 능력을 발휘할 수밖에 없게 되어 결과적으로 국가 경쟁력이 상실된다. 결국 당대에서는 이익이 상실되어 백성이 손해를 입고, 그 능력을 바탕으로 발전할 기회가 없어지게 됨으로써 자손까지 피해를 입게 되는 것이다.

 대학 전문 10-11

오직 인한 사람이어야 이들을 추방하여 오랑캐 나라로 내쫓아 (이들과) 더불어 나라 가운데 함께 살지 못하도록 한다. 이것이 "오직 인한 사람이어야 사람을 사랑할 수 있고, 사람을 미워할 수 있다."고 말하는 것이다.

唯仁人 放流之 迸諸四夷 不與同中國 此謂唯仁人 爲能愛人
유 인 인   방 류 지   병 저 사 이   불 여 동 중 국   차 위 유 인 인   위 능 애 인
能惡人
능 오 인

이 예문은 인한 사람은 사심이 없고 공평하게 일을 처리하므로 이러한 사람만이 잘못된 사람들을 벌할 수 있고, 선한 사람들

을 포용할 수 있다는 의미이다.

사법부에 전관예우_{前官禮遇}라는 말이 있다. 과거 법관을 지낸 인물이 퇴직하고 변호사를 개업한 경우 일정 기간 동안 재판에서 유리하게 판결이 날 수 있게 도와주는 행위를 말한다. 사사로운 감정이 개입된 전관예우의 피해는 일반인이 입게 된다. 따라서 전관예우가 일반화된 조직이 죄에 대한 처벌을 결정할 수는 없는 것이다.

입법부에 인사청문회라는 것이 있다. 대통령이 임명한 행정부 고위공직자의 자질과 능력을 국회에서 검증받는 제도이다. 국무총리와 장관들의 인사청문회를 보면 고위관료들의 개인적 신상에 대한 조사와 도덕성에 대한 심사가 이루어진다. 이때 자주 등장하는 내용이 조사 대상자들의 병역, 부동산투기 등에 관한 것이다. 그런데 이를 심사하는 국회의원들 또한 떳떳하게 예비 관료들을 추궁할 수 있는 사람이 많지 않을 것이다.

 대학 전문 10-12

현인_{賢人}을 보고 천거하지 못하고 천거해도 먼저 쓰이도록 하지 못하는 것이 태만_{怠慢}이고, 불선_{不善}한 사람을 보고 물러나게 하지 못하고 물러나게 해도 멀리하지 못하는 것이 허물이다.

見賢而不能擧 擧而不能先 命(慢)也 見不善而不能退 退而不能遠
견 현 이 불 능 거 거 이 불 능 선 명 만 야 견 불 선 이 불 능 퇴 퇴 이 불 능 원

過也
과 야

이 예문은 다음과 같은 의미이다.

자기보다 능력이 앞서는 사람이 있다면 이러한 사람을 적극 추천해야 한다. 자신의 현재 지위와 미래 지위를 욕심내서 이러한 현인을 천거하지 못하거나 국가를 위하여 능력을 발휘할 기회를 주지 않는 것은 태만이 된다. 또한 부정부패한 사람을 척결하지 않고 내버려두는 사람도 자신의 욕심에만 급급한 사람으로서 국가를 위하여 아무 도움이 되지 않는다.

논공행상論功行賞이라는 사자성어가 있다. 건국을 하거나 국가 반란을 진압한 이후 그 공로를 조사하여 상을 주는 것을 말하는데, 공로의 정도에 따라 등급을 나누어 공신의 직위를 주는 제도였다. 현대에서는 대통령 선거가 끝난 뒤 논공행상이 벌어진다. 선거기간 동안 당선자의 정책과 선거 유세지원 등을 보좌한 주요 인물을 당의 요직이나 국무총리 또는 장관 등에 임명하는 수순을 밟는 것이다.

이들 가운데 국가의 주요 정책을 보좌한 사람들을 요직에 앉히는 것은 이해할 수 있다. 그러나 선거의 선동이나 방송매체를 통한 지원 등을 한 사람에게 전문분야와 상관없는 자리의 수장 자리를 주는 것은 '불선함을 보고도 물러나지 않게 하는 행동'

이다. 천거를 받은 사람도 자신의 전문분야가 아니라면 그 자리를 사양해야 한다.

　예를 들어 전쟁 영웅이 문화재 관련 업무에 투입되어서는 안 되는 것이다. 국가 요직은 선거에서 승리한 사람들이 나누어 먹는 잔칫상이 아니라 정부에 세금을 내고 정부 정책에 영향을 받는 국민을 위하여 일해야 하는 자리인 것이다.

　이러한 논공행상에서 사사로운 감정과 개인의 이익이 개입되면 그 나라의 정책은 제대로 이루어질 수 없다. 이것이 바로 현인을 보고도 천거하지 못하고, 불선한 사람을 보고 물러나게 하지 않는 허물이 되는 것이다.

 대학 전문 10-13

남이 미워하는 것을 좋아하고 남이 좋아하는 것을 미워하는 것, 이것을 사람의 성^性을 거스른다고 한다. (이러한 사람은) 재앙이 반드시 그 몸에 미칠 것이다.

好人之所惡 惡人之所好 是謂拂人之性 菑³⁰⁾必逮夫身
호 인 지 소 오 오 인 지 소 호 시 위 불 인 지 성 재 　 필 체 부 신

이 예문은 다음과 같은 의미이다.

사람들이 미워하는 것은 불선이나 악

30 재(災)와 통합.

이고, 사람들이 좋아하는 것은 선이다. 불선 또는 악을 좋아하고 선을 미워한다면 인간의 성性을 거스르는 일이 된다. 성을 거스른다는 것은 여름 다음에 가을이 오지 않고 겨울이나 봄이 오는 것과 같다. 계절의 변화가 신뢰할 수 없게 움직이면 생명체는 혼란에 빠지고 생태계의 교란이 일어나 큰 재앙으로 이어지게 될 것이다.

성을 거스르면 불선하거나 악이 세상을 지배하게 된다. 그렇게 되면 소수의 기득권이 모든 것을 누리고 대다수는 도탄에 빠지게 된다. 또한 불선하고 악한 소수의 기득권 세력은 욕심에 의하여 권력 쟁탈전을 벌이게 된다. 그 결과 이들 사이에는 권력과 생명을 탈취하는 악순환이 반복되거나, 도탄에 빠진 민중의 봉기에 의하여 권력과 목숨을 잃게 된다는 것을 역사가 증명하고 있다. 이것이 바로 그들에게 미치는 재앙이다.

따라서 국가 지도자나 조직의 중심에 있는 사람들은 선을 보석과 같이 여겨야 한다. 선한 행위는 조직에 있는 사람과 국민에게 편안함과 안정을 주고, 이것은 최종적으로 중심에 있는 사람에게 명예와 직위로 돌아가게 되어 있다. 따라서 명덕을 밝혀 선을 행하는 것은 다이아몬드나 사파이어 같은 보석보다 값진 보배이다. 선은 선을 행한 사람을 비롯한 모든 세상 사람들을 행복하게 해줄 수 있기 때문이다.

이와 같이 선한 행위를 지속적으로 해나가는 것이 지선至善을 향하여 가는 길이며 도道이다. 선을 실천하는 것은 먼저 수신에 의하여 자신의 명덕을 스스로 밝힌 다음 충서에 의하여 오상 관계에 있는 사람들에게 혈구지도를 베푸는 것이다. 이것은 자신의 욕심에 의한 감정에 휘말리지 않고 인의예지에 바탕을 두고 정을 제어함으로써 이루게 된다. 내 안에 잠재한 명덕은 편벽된 감정을 거두어내는 과정을 반복함에 따라 점점 더 밝아지며, 궁극에 가서는 완전하게 명덕이 밝아짐에 따라 지선을 이루는 것이다.

명덕을 밝혀 중심에 서는 것이
대도大道이다

이 책의 첫머리에서부터 지속적으로 명덕을 밝히는 것을 언급하였다. 《대학》의 전체 내용은 다음과 같다.

사람의 마음속에는 진정으로 사람다운 모습의 명덕이 있다. 그런데 편향된 감정이 커튼을 쳐서 명덕이 빛을 밝히지 못하고 있다. 따라서 편향된 감정의 커튼을 거둬내어 명덕이 밝아지게 하고, 최종적으로 완전하게 커튼을 거둬내어 지선을 이루어 인간다운 세상을 만드는 주체가 되어야 한다.

또한 명덕을 밝히는 것을 이해시키기 위하여 인의예지신, 충서 등의 개념으로 설명하였다.

이 때문에 군자에게는 대도大道가 있으니, 반드시 충忠과 신信으로 얻고 교만과 방자함으로 잃는다.

是故 君子有大道 必忠信以得之 驕泰以失之
시 고 군 자 유 대 도 필 충 신 이 득 지 교 태 이 실 지

이 예문은 다음과 같은 의미이다.

충忠이란 마음의 중을 잡고 옳은 것을 위하여 자발적으로 최선을 다하는 것이며, 신信이란 명덕으로 선한 행동을 하여 다른 사람에게 신뢰를 주는 것이다. 이러한 충과 신으로 무리를 이끈다면 지위를 얻게 되고, 자신의 지위가 남들보다 높다고 생각하여 교만하고 방자한 마음으로 행동하면 그 지위를 잃게 된다.

충과 신의 움직임을 삼강령으로 보면, 충이란 내가 밝힌 만큼의 명덕에 의하여 상대방에게 선을 행하는 자발성이고, 신이란 상대의 선한 행위에 감화되어 믿음이 있게 된 모습이다. 믿음이 생기면 자신도 명덕을 밝힐 준비가 된 것이다. 또한 팔조목으로 보면, 감화된 사람이 선한 행위를 보여준 사람을 격물치지하여 마음에 성의정심이 발동하는 단계로 볼 수 있다.

교만과 방자함은 명덕이 밝아지지 못하였음을 뜻하는 것이며, 그러한 행동은 선이 아니라 불선不善 또는 악惡이 된다.

재물을 생산함에 대도^{大道}가 있으니, 생산하는 사람이 많고 먹는 사람이 적으며 일하는 사람이 빠르게 하고 사용하는 사람이 느리면 재물은 항상 풍족할 것이다.

生財有大道 生之者衆 食之者寡 爲之者疾 用之者舒 則財恒足矣
생 재 유 대 도 생 지 자 중 식 지 자 과 위 지 자 질 용 지 자 서 즉 재 항 족 의

이 예문은 다음과 같은 의미이다.

재물은 나라의 백성이 안정된 생활을 영위하는 데 반드시 필요하다. 이러한 재물을 만들 때 중요한 것은 놀고먹는 백성이 적어야 한다는 경제논리이다. 그리고 과거에는 성을 쌓거나 전쟁을 하러 나갈 때 백성을 징발하였으므로 백성의 생업을 고려하여 때에 맞게 시켜야 하고, 시킨 일은 단기간에 마칠 수 있게 배려해야 한다. 국토가 있고 백성이 있은 다음에야 나라 안에 재물이 풍족해진다. 이를 위해서 백성이 본업에 충실할 수 있게 해주어야만 나라가 부강해지고 임금은 자신의 지위를 유지할 수 있는 것이다.

이는 조직에서도 마찬가지이다. 조직 구성원들 가운데 성실하게 일하는 사람들이 많아지면 경쟁력이 강한 조직이 된다. 명덕이 밝아진 사람은 조직 구성원들에게 불합리한 일을 시키지 않

으며, 스스로 모범이 되어 그들이 자발적으로 일하게 만든다. 놀고먹는 사람이 적을수록 조직의 재물은 점점 증가하게 되고, 이것이 생산성의 대도^{大道}이다.

대학 전문 10-16

인한 사람은 재물로써 몸을 일으키고, 불인한 사람은 몸으로써 재물을 일으킨다.

仁者 以財發身 不仁者 以身發財
인 자 이 재 발 신 불 인 자 이 신 발 재

이 예문은 다음과 같은 의미이다.

어진 임금은 자신의 재물을 백성을 위하여 사용하고, 어질지 못한 임금은 자신의 권력을 이용하여 사사로이 재물은 모은다. 명덕이 밝은 사람이 재물과 능력을 다른 사람을 위해 사용하게 되면 그 사람의 명예와 인덕이 빛을 발한다. 이와는 달리 소인은 자신의 직위를 이용하여 사리사욕을 채우는 모습을 보인다.

결국 이 두 종류의 사람이 중심에 있는 조직의 구성원들은 다음과 같이 다른 모습을 보인다.

윗사람이 인仁을 좋아하면서 아랫사람이 의義를 좋아하지 않는
경우가 있지 않으며, 의를 좋아하면서 그 일을 끝마치지 않는 경
우가 있지 않으며, 부고府庫의 재물이 자신의 재물이 아닌 경우가
있지 아니하다.

未有上好仁而下不好義者也　未有好義　其事不終者也　未有府庫財
미 유 상 호 인 이 하 불 호 의 자 야　미 유 호 의　기 사 부 종 자 야　미 유 부 고 재

非其財者也
비 기 재 자 야

이 예문은 다음과 같은 의미이다.

윗사람이 '자신의 재물로써 몸을 일으키는' 어진 사람이라면
아랫사람은 자발적인 의義로 충성하게 되어 있다. 그렇기 때문에
맡은 임무를 성실히 수행해 나가 완결 짓고 나라의 재물을 개인
적으로 이용하지 않게 됨에 따라 나라 재산이 헛되게 새어 나가
지 않는다. 그 결과 나라 재산은 나라를 위하여 사용된다. 임금
도 그 나라 백성 가운데 한 사람이므로 이는 결국 임금 자신을
위하여 재산이 사용된다는 의미이다. 이러한 결과는 나랏일뿐만
아니라 회사 등 조직사회에서도 마찬가지로 나타난다.

맹헌자가 말하기를 "마승^{馬乘}을 기르는 사람은 닭과 돼지를 살피지 않고, 얼음을 켜는 집안은 소와 양을 기르지 않는다. 백승의 집안은 취렴^{聚斂}하는 신하를 키우지 않으니, 취렴하는 신하가 있기보다는 차라리 도둑질하는 신하가 있는 것이 낫다."고 하였다. 이것이 "나라가 이익을 이익으로 여기지 않고 의^義를 이익으로 여긴다."는 것을 말하는 것이다.

국가의 어른이 되어 재물 사용에 힘쓰는 사람은 반드시 소인으로부터 비롯되니, (그것을 잘하는 것으로 생각하여) 저 소인으로 하여금 국가를 다스리게 한다면 천재와 인재가 함께 이를 것이다. 비록 선한 사람이 있다 하더라도 또한 어찌할 수 없는 것이다. 이것이 "나라가 이익을 이익으로 여기지 않고 의를 이익으로 여긴다."는 것을 말하는 것이다.

孟獻子曰 畜馬乘 不察於鷄豚 伐冰之家 不畜牛羊 百乘之家 不畜
맹 헌 자 왈 휵 마 승 불 찰 어 게 돈 벌 빙 지 가 불 휵 우 양 백 승 지 가 불 휵
聚斂之臣 與其有聚斂之臣 寧有盜臣 此謂 國 不以利爲利 以義爲
취 렴 지 신 여 기 유 취 렴 지 신 녕 유 도 신 차 위 국 불 이 리 위 리 이 의 위
利也
리 야
長國家而務財用者 必自小人矣 彼(爲善之)小人之使爲國家 菑害
장 국 가 이 무 재 용 자 필 자 소 인 의 피 위 선 지 소 인 지 사 위 국 가 재 해
竝至 雖有善者 亦無如之何矣 此謂 國 不以利爲利 以義爲利也
병 지 수 유 선 자 역 무 여 지 하 의 차 위 국 불 이 리 위 리 이 의 위 리 야

"맹헌자가 말하기를 '마승을 기르는 사람은 닭과 돼지를 살피지 않고, 얼음을 켜는 집안은 소와 양을 기르지 않는다. 백승의 집안은 취렴하는 신하를 키우지 않으니, 취렴하는 신하가 있기보다는 차라리 도둑질하는 신하가 있는 것이 낫다.'고 하였다. 이것이 '나라가 이익을 이익으로 여기지 않고 의를 이익으로 여긴다.'는 것을 말하는 것이다."는 다음과 같은 의미이다.

마승이란 네 마리 말이 끄는 수레로 선비가 과거에 급제하여 처음 벼슬을 하게 되면 나라에서는 이 수레를 타도록 말을 기를 수 있게 허용해주었다. '얼음을 켜는 집안'이란 집안에 경조사가 있을 때 얼음을 쓸 수 있는 특수 계층이라는 의미이다. 이러한 벼슬아치들은 일반 백성이 생업으로 종사하는 닭과 돼지, 소, 양을 기르는 것에 관심을 가져서는 안 된다. 이것은 백성의 생업을 위협하는 일이기 때문이다.

참다운 인격자는 자신의 재물보다 백성의 살림살이를 걱정한다. 백성의 생업이 힘들게 되면 백성이 그 나라를 떠나게 되고, 결국 백성이 없는 나라는 소멸하게 된다. 따라서 백성의 생업을 침해하는 신하보다는 차라리 자신의 재산을 도둑질하는 신하가 오히려 낫다고 한 것이다.

이것은 오늘날 골목상권을 위협하는 대기업의 모습과 대조를 이룬다. 이제 개인이 운영하는 제과점이나 빵집 등을 찾아보기 힘들게 되었다. 치킨집도 대기업이 운영하는 프랜차이즈 기업에서 대량생산하여 싼 가격으로 판매하면서 문을 닫는 곳이 많아

졌다. 동네 슈퍼마켓은 대기업이 운영하는 창고형 매장과 대규모 슈퍼마켓에 밀려 존속하기 힘든 환경이 되어버렸다.

이와 같이 일반 국민은 대기업에 취직하거나 대기업에 납품하는 업체에 종사하거나 대기업이 운영하는 프랜차이즈 대리점을 해야만 먹고살 수 있는 세상이 되어가고 있다. 대기업이 국민의 생업을 좌우하게 되면 그들의 입김이 강해지고 국가 정책에 대한 영향력도 커지게 된다. 이렇게 되면 국민의 생활은 점점 어렵게 된다. 기업은 덕德보다 이윤추구를 우선으로 하기 때문이다. 이러한 사태를 막아낼 힘은 기업을 통제할 수 있는 정부에 있다. 따라서 국민의 행복을 위하여 정부 관료들이 명덕을 밝히는 것이 중요하다.

"국가의 어른이 되어 재물 사용에 힘쓰는 사람은 반드시 소인으로부터 비롯되니, (그것을 잘하는 것으로 생각하여) 저 소인으로 하여금 국가를 다스리게 한다면 천재와 인재가 함께 이를 것이다. 비록 선한 사람이 있다 하더라도 또한 어찌할 수 없는 것이다. 이것이 '나라가 이익을 이익으로 여기지 않고 의를 이익으로 여긴다.'는 것을 말하는 것이다."는 다음과 같은 의미이다.

나라의 큰일을 맡고 있는 사람이 나라 재물을 자신을 위하여 함부로 사용한다면 시정잡배와 같다. 이러한 사람들에게 국가의 중책을 맡긴다면 반드시 자연적 재해를 이겨내지 못하고, 그러한 사람이 저질러놓은 인재가 발생하게 된다. 이렇게 부정부패가 만연한 나라에서는 선한 사람이 홀로 이겨내기가 어렵다. 그렇기 때문에 나라 전체가 이익보다 의를 먼저 좇아야 백성이 살기 편하고 나라의 질서가 바로잡히게 된다.

《대학》의 마지막 문장은 마치 오늘날 우리나라의 현실을 예견한 것 같다. 과거부터 현재까지 발생한 자연재해와 인재의 피해 정도를 보면 우리나라 정치 관료들의 인덕人德 수준을 알 수 있다. 이처럼 나랏일의 중심에 있는 사람들이 명덕을 밝힌 정도에 따라 국민의 안전과 행복이 좌우되는 것을 안다면, 그들이 명덕을 밝힐 수 있게 계기를 마련해주어야 한다.

《대학》은 과거 군주가 지배하던 시대에는 지도계층이라는 사람들이 먼저 스스로 수신하고, 자신의 가정을 가지런하게 한 다음, 자신이 소유한 국가를 잘 다스리고, 더 나아가 국가의 힘이 강해져 다른 국가에 영향력을 행사할 때 안정과 평화를 이룰 수 있도록 하는 체계였다. 그러나 국민이 지도자를 선출하는 오늘날에는 국민 각자가 먼저 명덕을 밝히고 가정을 가지런하게 한 다음, 나라의 중심 역할을 하는 사람들이 국민에게 감화되어 명덕을 밝히게 만들어야만 한다.

《대학》의 전체 내용을 정리해보면 다음과 같다.

사람은 태어나면서 생명과 성품을 천명天命으로부터 받았다. 그것이 아무런 때가 묻지 않은 상태가 명덕明德이다. 그런데 사람의 마음은 인의예지라는 성性과 희로애락이라는 정情으로 구성되어 있고, 명덕의 본모습은 희로애락이 없고 인의예지로만 마음이 작동하는 상태이다. 그러나 사람은 사람을 접하거나 어떠한 일을 당할 때 감정이 발생하기 때문에 명덕의 본모습을 밖으로 드러낼 수 없다. 그러한 명덕을 점점 본모습에 가깝게 밝혀 나가는 과정이 명명덕明明德이다.

명명덕은 다음과 같다.

어떠한 사물을 접하고 그 사물에 내재한 이치를 깨닫는 격물치지格物致知를 먼저 한다. 그리하여 알게 된 이치에 뜻을 성실하게 하여 홀로 있을 때 삼가는 신독愼獨을 한다. 이렇게 되면 마음이 여유로워져 몸이 편안하게 펴지니 이것이 성의誠意이다. 이러한 성의의 결과 희로애락이라는 정이 인의예지에 맞추려는 중절에 의해 인의예지에 근접하는 중화를 이룸으로써 분노하거나 두려워하거나 근심하는 등의 편향적 감정이 없어지는 정심正心이 된다. 성의와 정심이 바로 수신이 되는 것이다.

친민親民은 다음과 같다.

수신이 된 상태에서 가족에게 선한 행동을 하여 모범이 됨으로써 가족이 모두 그를 따라 선한 행동을 하게 되는 제가齊家에 이른다. 제가를 이룬 이후 국가 경영에 가족에게 행하였던 선을 그대로 대입시킨다. 부자 관계는 군신의 관계로, 곤제 관계는 관료 계급의 관계로 확장함에 따라 관료에게서 시작된 선善이 모든 백성에게 파급된다. 그리하여 가족과 백성이 감화되어 스스로 명덕을 밝혀 나가게 되는 것이다.

지어지선止於至善은 다음과 같다.

지선至善이란 명덕의 본모습이 완전하게 밝아져 세상에 드러난 상태를 말한다. 지선을 이룩한 군주의 영향력은 자기 나라를 넘어 이웃 나라에까지 확장된다. 그리하여 이웃 나라 백성까지 그 군주의 영향력이 있는 곳에 와서 살려고 한다. 세상 사람들은 그 군주의 모습을 닮기 위하여 스스로 명덕을 밝혀 나가는데, 그것을 혈구지도絜矩之道라고 하는 충서의 도로 해나가는 세상이 된다. 이러한 세상이 유가가 이루고자 하는 이상적 세상이다.

이러한 체계를 설명하기 위하여 필자가 저술한《중용》의 내용을 많이 인용하여 표리관계를 설명하는 방법으로 전개하였다. 그런데《대학》은 이상적 목표만을 추구하는 이론서에 그쳐서는 안 된다. 이상적인 지선至善은 이룰 수 없는 완벽이기 때문에 그러한 지도자는 나올 수 없고, 그러한 지도자에 의하여 이룩되는 지어지선止於至善도 존재하지 않을 수 있다. 또한 사람의 마음이 정情을 무시하고 성性만을 추구할 수도 없다. 정이 없는 마음은 자연의 무정한 상태로서 그렇게 무미건조한 삶이 인간에게 행복이 될 수는 없는 것이다.

《대학》에 나온 이론이 격물치지의 지知와 같다면 이것을 현세에 실천할 수 있는 지知가 되어야 한다.《대학》이 현세에 실천할 수 없는 서적이라면 본문 내용에 있는 지식만 알고 실천은 없는 소인小人의 학문일 수밖에 없다.

《대학》이 실천을 위한 군자君子의 서적이 되기 위해서 알아두어야 할 점은 성이 정을 적절히 제어함으로써 이를 통하여 진정한 행복을 느끼는 정이 우선되어야 한다는 것이다. 따라서 감정은 명덕을 밝히기 위하여 무조건 배제되어야 할 대상이 아니라 성으로써 적절히 제어되어 인간의 진정한 행복을 느끼는 마음의 주체여야 한다. 또 지선을 이루는 것은 변할 수 없는 이상적 목표이고, 그 목표를 향하여 끊임없이 수기안인修己安人하는 중화中和를 이루려고 노력하는 가운데 세상의 질서가 유지될 수 있다는 현실적 관점이 필요하다고 하겠다.

무엇보다도 중요한 것은 민주주의 시대에 명덕을 밝히는 주인공은 예전의 군주와 같은 정치가나 관료들이 아니라는 사실이다. 국민에 의하여 선출되는 정치가들은 각자의 장점을 내세우고 단점을 감추어 선출되기 때문에 지식은 많으나 수신修身을 이루기 어려운 조건의 사람들이다. 이러한 사람들이 명덕을 밝힐 수 있도록 국민 각자가 스스로 명덕을 밝혀 나가고, 자신의 가정을 가지런하게 하며, 자신이 속한 조직이나 단체의 중심에서 그 일들이 원활히 이루어지도록 함으로써 시민의식이 투철한 사회로 만들어가야 한다. 그리하여 정치가나 관료들이 스스로 명덕을 밝히도록 노력하지 않으면 국민에게 외면받게 된다는 것을 일깨워야 한다.

《대학》을 공부한 사람들은 사회를 연공서열의 수직 구조가 아니라 혈구지도에 따른 충서의 예禮가 실천되는 수평 구조로 변화시키고, 국가를 비롯한 단체의 책임 있는 사람들을 갑을 관계의 지도층이 아니라 상생 관계의 중심계층으로 변화시켜야 한다. 따라서 우리 모두는 명덕을 밝혀 나가는 주체이며, 세상의 중심에 자리하고 있는 것이다.

엮은이 ┃ 심범섭
발행처 ┃ 시간과공간사
발행인 ┃ 최석두

신고번호 ┃ 제2015-000085호
신고연월일 ┃ 2009년 12월 01일

초판 인쇄 ┃ 2017년 06월 02일
초판 발행 ┃ 2017년 06월 09일

우편번호 ┃ 10594
주소 ┃ 경기도 고양시 덕양구 통일로 140(동산동 376) 삼송테크노밸리 A동 351호
전화번호 ┃ (02)3272-4546(代)
팩스번호 ┃ (02)3272-4549
이메일 ┃ pyongdan@daum.net

ISBN ┃ 978-89-7142-989-1 03150

값 · 14,000원

이 도서의 국립중앙도서관 출판시 도서목록(CIP)은
서지정보유통지원시스템 홈페이지(http://seoji.nl.go.kr)와
국가자료 공동목록시스템(http://www.nl.go.kr/kolisnet)에서
이용하실 수 있습니다.
(CIP제어번호 : CIP2017011568)